따뜻한 위로의 말

괜찮다고 말해주고 싶어요

손정필

월넛
그로브

 # 프롤로그

기적 같은 말 – "괜찮다고 말해주고 싶어요"

살아가면서
힘이 들 때 그리워하는 것 중 하나가 엄마 품입니다.
그만큼
포근하고 따뜻한 느낌을 주는 단어도 없는 것 같습니다.

엄마 품이 따뜻하고 포근한 이유 중 하나가
바로 사랑이 담긴 말 한마디 "괜찮아" 때문입니다.

첫걸음을 떼는 두려운 순간에도 "괜찮아"라는
엄마의 기적 같은 말 한마디에 용기를 얻게 됩니다.

'너만 두렵고 불안한 것이 아니라
그것은 누구에게나 당연히 일어나는 거야'

'너는 지금보다 더 잘할 수 있어'

'지금 넘어져도 너는 다시 일어날 수 있어'

'넘어지는 것은 부끄러운 일이 아니야.
일어나서 더 씩씩하게 걸을 수 있을 거야'

'언제나 널 사랑하고 응원한다'라는 의미가
"괜찮아"라는 말 한마디에 포함되어 있습니다.

그야말로 "괜찮아"라는 말은
우리가 인생을 살아가는데 있어서
정말 괜찮은 말인 것 같습니다.
삶의 무게를 견디기가 힘든 고통이 올 때
주저앉고 싶은 것이 인생입니다.

상실의 슬픔이 차 오를 때

가슴이 먹먹해지고 눈물이 흐르는 것이

우리들의 마음입니다.

지금보다 더 나은 내일을 살고 싶어합니다.

내 안에 어떤 능력이 있는지 알지 못한 채로 살아갑니다.

희망의 내일을 만들어 가고 싶어합니다.

이 모든 것은

우리 모두에게 일어나는 일이고 겪어야만 하는 과정입니다.

삶의 무게를 견디기가 힘든 고통이 와서 주저앉고 싶을 때

"괜찮다고 말해주고 싶어요."

상실의 슬픔으로 가슴이 먹먹해지고 눈물이 흐를 때

"괜찮다고 말해주고 싶어요."

지금보다 나은 내일을 살고 싶을 때

"괜찮다고 말해주고 싶어요."

내 안에 있는 잠든 나를 깨우고 싶을 때

"괜찮다고 말해주고 싶어요."

희망이란 출구를 만들고 싶을 때

"괜찮다고 말해주고 싶어요."

그래서 모든 분들에게 기적 같은 말

"괜찮다고 말해주고 싶어요."

내용

02　프롤로그

문득
주저 앉고 싶을 때

●

14　기회를 찾아서

17　가치 있다는 것은...

20　용기와 용기

23　별이 빛나는 밤에

26　빈티지

30　Silver lining

34　똑바로 읽어도 거꾸로 읽어도 기러기입니다.

38　숙제 잘하는 방법

43　흔들리는 마음

47　놀이동산

52　달콤한 인생

슬픔이
차 오를 때

●

58	슬퍼지려 하기 전에…	88	라스트 콘서트
61	사랑하지는 못할지라도…	93	위로
64	감정활용법	98	상처의 변신(Transformation)
68	충동과 행동	103	폭포(a fall)
73	새장과 세상		
78	Nice Try; 실패해도 괜찮습니다.		
83	과거를 바꾸어 드리겠습니다.		

오늘보다 나은 내일을
살아가고 싶을 때

●

110 인생레시피

116 당신은 시나리오가 있나요?

123 그림 잘 그리는 법

127 한 걸음만 더

130 당신의 의도는 무엇인가요?

134 강아지의 지혜

140 열심히 살지 마세요.

148 Magic Word

152 페이스메이커

내 안의 잠든 나를
깨우고 싶을 때

●

160 스마트 라이프

165 울림이 되어

170 비밀

176 마음의 근력

181 의미

186 중력을 이기는 힘

190 언어의 메뉴

198 인생 키워드

203 연날리기

209 매력지수

215 당신의 말을 길들이세요.

희망의 출구를
만들고 싶을 때

●

224   바람

227   지혜라는 선글라스

233   크레파스와 인생

238   시크릿 가든

244   Only Me

250   나비야 날아올라라

255   살아있는 기운

259   로고

264   종이비행기

269   마음의 연료

274   세 가지 방법

280   에필로그

문득
주저앉고
싶을 때

괜찮다고 — 말해주고 싶어요

기회를 찾아서

 올림픽, 월드컵과 함께 세계 3대 스포츠로 꼽히는 것이 바로 F1 경기입니다. F는 Formula의 약자로써 보통은 공식 혹은 방식의 뜻으로 사용되지만, 자동차 경주에서는 정해진 조

건을 공통으로 갖추는 기준을 의미합니다.

이처럼 같은 조건에서 펼쳐지는 자동차 경주에서 승부를 결정하는 구간은 직선이 아니라 바로 굴곡진 코너라고 합니다. 누구나 다 알고 있는 것이지만, 아무나 할 수 없는 이유는 사고로 이어지는 위험한 구간이기 때문입니다. 하지만 그 위험을 무릅쓰고 집중해서 도전할 때 비로소 승리의 직선구간을 얻게 됩니다.

이처럼 자동차경주의 승패는 직선구간이 아니라 위험한 곡선구간이 좌우하는 것입니다. 그렇기 때문에 이러한 위험한 구간을 주행하기 위하여 수많은 연습과 훈련이 기본적으로 필요합니다.

우리 삶도 비슷한 것 같습니다.

평범한 일상이 아니라 힘들고 어려울 때
성공의 기회가 생기는 것 같습니다.
평범한 일상은 늘 맞이하는 시간이기 때문에
편하고 익숙한 점은 있으나

별다른 변화를 가져오지 못합니다.
우리가 일상을 벗어난 힘든 일을 직면했을 때
그것은 위기일 수도 있겠지만
새로운 도약을 할 수 있는 기회가 될 수도 있습니다.

모든 기회는 평범한 일상의 시간이 아니라,
고통스럽고 힘든 위기의 순간에서 찾아옵니다.

혹 지금 당신이 힘들고 고통스러운 상황에 있다면
꼭 기억하세요.
그것은 고통이 아니라 성공으로 향하는
인생의 곡선 구간을 지나가고 있다는 것을...

각자가 지향하는 성공의 기회를 찾아서
당당하게 나아갔으면 합니다.

가치 있다는 것은…

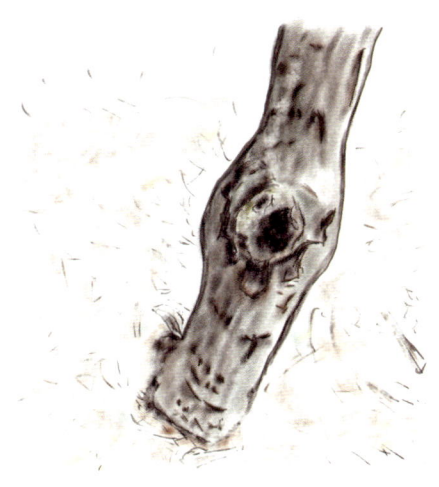

 나무를 가공하여 물건을 만들 때 옹이의 흔적이 있는 것을 유절, 그렇지 않은 것을 무절이라 부른다고 합니다. 무늬가 고르게 펼쳐진 것을 사람들이 선호하다 보니 옹이의 흔적

이 없는 무절의 가격이 당연히 비싸다고 합니다. 그런데 사람들이 선호하지 않는 유절에는 사연이 있습니다.

나무는 수직으로 성장하기 위하여 새로운 가지를 만들게 되면 아래쪽에 있는 가지는 병충해 등으로 상처받아 죽게 되는데, 그것을 보호하기 위해 스스로 상처를 아물게 해서 생기는 흔적이 바로 옹이라고 합니다. 비록 보기에는 좋지 않을 수도 있고, 사람들에게 선호 받지 못하지만 그런 옹이가 없다면 나무는 성장할 수 없습니다. 즉, 상처의 흔적인 옹이가 견디어 주었기에 나무는 죽지 않고 성장할 수 있었던 것입니다. 이처럼 견딤의 시간이 성장이라는 가치를 만들어 낸 것입니다.

우리들의 삶도 비슷한 것 같습니다.

상처받고 고통스러운 일들을 겪게 되는 것은
피할 수 없는 일들입니다.

그 일들이 무엇인지는 잘 모르겠지만,
회피하지 않고 견디다 보면
지금보다 더 나은 성장이 있을 것입니다.

견딤의 시간이 있을 때
올바른 쓰임의 가치가 생깁니다.
즉, 가치 있다는 것은
견딤의 시간이 있기에 더욱 값진 것 같습니다.

만약 당신이 힘들고 어려움 속에 있다면
회피하지 말고 견디어 보세요.
그러한 견딤의 시간이 지금보다
더 가치 있는 내일을 만들어 줄 겁니다.

용기와 용기

 우리의 삶에서 중요한 것 중의 하나가 바로 먹는 것입니다. 음식을 먹는 것도 중요하지만, 먹는 음식을 보관하는 것 또한 필수적입니다. 그래서 음식을 효율적이고 효과적으로 보관하기 위해 꼭 필요한 것이 바로 용기(容器)입니다. 아마도 용기가 없다면 지금과 같은 생활을 하기가 어려울 것입니다.

그리고 우리 인생에서 또 다른 용기도 필요합니다.
그것은 음식을 담는 용기가 아니라 두렵고, 힘들고 절망스러울 때 그 힘든 것을 박차고 일어서서 당당하게 나아가는 용기(Courageous)를 말합니다. 먹는 음식을 담는 용기가 먹고 살기 위해서 필요하다면, 용기(Courageous)는 살면서 직면하는 어려움과 고통을 당당히 맞서는 데 필요한 에너지입니다.

우리는 살아가면서
어려움과 고통 없이 살아갈 수 없습니다.

어려움과 고통은 당연히 직면해야 하는 현상들입니다.
이처럼 당연히 직면해야 하는 어려움과 고통을
당당하게 맞서고 견딜 때 행복한 삶이 펼쳐집니다.

두렵거나 불안하거나

혹은 절망스럽고 낙담하고 있다면
냉장고 속에 있는 용기가 아닌
자신의 마음속에 있는 용기를 꺼내어서
힘차고 당당하게 나아가십시오.

용기 있게 할 수 있습니다.

별이 빛나는 밤에

밤하늘에 아름답게 반짝이는 별에 관한 이야기는 참 많습니다. 미래에 대한 꿈을 이야기할 때도 쓰이기도 하고 어려운 상황을 이겨내는 희망의 뜻으로도 사용하기도 합니다. 또한 유명인이 되어 성공했을 때 별의 단어를 사용하기도 합니다. 어떤 의미로 사용되든 지금과는 다른 가능성과 번영의 상징으로 사용되는 것 같습니다.

별은 밤이 되어야만 우리 눈에 보입니다. 이미 하늘에 떠 있는 별들은 낮에는 볼 수 없고 깜깜한 밤일수록 더욱 밝고 선명하게 보입니다. 어둠이 배경이 되어 줄 때 별은 빛을 발합니다.

우리의 삶도 비슷한 것 같습니다.

비록 지금 순간들이 힘들고 어렵더라도
이러한 순간들을 인생의 배경으로 만든다면
미래에 대한
희망과 성공의 별을 빛나게 할 수 있을 겁니다.

지금 상처받고 힘들고 고통스러운 상황에 있다면
그러한 상황은 절망이 아니라
우리의 미래를 빛나게 해주는

희망과 성공의 배경이라는 것을 마음에 새겼으면 합니다.

'상처는 별이 된다(Scars into Stars)'라는
서양의 격언이 있습니다.
우리는 스스로를 빛나게 할 별입니다.

당신의 별을 빛나게 하세요.

빈티지

 빈티지라는 말을 일상에서 사용할 때가 있습니다.
 원래는 포도주를 만드는 데 사용하는 포도의 수확 연도를 의미하지만, 지금에 와서는 오래된 물건 혹은 그런 느낌을

지칭하는 의미로 사용하고 있습니다. 그래서 의류나 신발 혹은 가구나 물건에도 빈티지라는 용어를 사용합니다. 심지어는 실내장식에도 사용하기도 합니다. 어떤 의미로 사용하든 간에 오래된 것이 보기 싫거나 하찮게 느껴지는 것이 아니라 오히려 오래되었기 때문에 그 가치를 돋보이게 하려는 의미로 사용되고 있습니다.

여기서 중요한 점은 무조건 오래되었기 때문에 가치 있는 것이 아니라 비록 오래되고 낡았지만, 그 오랜 시간을 가치 있게 잘 보존하였다는 것입니다. 그래서 일부 제품의 경우 오래된 느낌을 주기 위하여 일부러 새 제품을 오래된 것처럼 만드는 경우도 있습니다.

어떤 물건도 시간이 지나면 낡게 됩니다. 낡게 되는 시간을 제대로 관리하지 못하면 볼품없는 남루함이 어쩔 수 없이 느껴집니다. 하지만 시간의 흐름에 따른 낡음은 막지 못한다고 하더라도 그 시간을 잘 관리하면 세월이 지날수록 그 낡음은 가치 있는 것으로 승화됩니다.

우리 인생도 비슷한 것 같습니다.

시간이 흘러가고 세월이 지나감에 따라

늙어가는 것이 자연의 현상입니다.

하지만 흘러가는 시간과 지나가는 세월을

그대로 떠나보내기만 한다면,

우리의 삶은

시간이 갈수록 초라해질 수밖에 없습니다.

비록 시간과 세월의 흐름을 붙잡아 둘 수는 없지만,

그 시간을 잘 관리하고 가꾸어 가면

더 가치 있는 삶들이 펼쳐질 것입니다.

어떤 사람들은 어제와 똑같은 오늘을 살면서

삶의 힘든 점을 원망합니다.

또한, 오늘과 똑같은 내일을 살려고 하면서

희망이 없다고 푸념합니다.

그러나 우리 인생은

어제와 다른 오늘의 차이점을 발견하고

다른 점을 만들어 갈 때

어제보다 오늘이 더 가치 있게 됩니다.

그리고

오늘보다 더 나은 내일을 만들어 가려고 노력할 때

우리의 삶은

더 성장하고 성숙되어 갑니다.

이 노력들이 모여서

멋지고 가치 있는 빈티지 인생이 됩니다.

당신만의 빈티지 인생을 만들어 가세요.

Silver lining

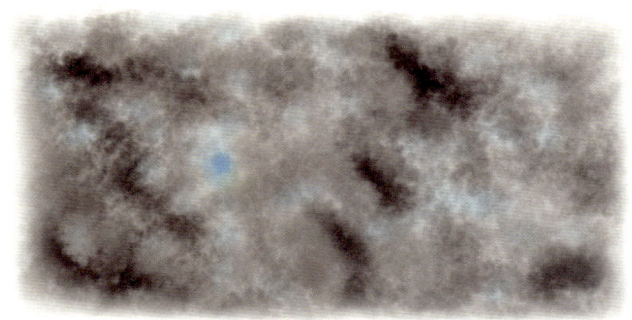

하늘을 보면 다양함을 느낄 수 있습니다.

우리의 마음을 행복하게 하는 맑고 푸른 하늘도 있지만, 짙은 먹구름에 폭설로 인하여 전기가 끊기고 교통이 마비되거나 혹은 폭우로 인하여 소중한 사람과 우리의 주거를 일

순간에 잃게 만드는 마음 아픈 하늘도 있습니다. 푸른 하늘과 햇살은 늘 우리 곁에 있지만 시커먼 먹구름이 낀 상태에서는 볼 수가 없습니다. 그리고 푸른 하늘과 환한 햇살은 여전히 먹구름 너머에 있지만, 푸른 하늘을 잊어버리고 우울해하고 침울해합니다.

우리 인생도 비슷한 것 같습니다.

먹구름과 같은 고통과 시련이
우리 주변에 너무 많습니다.
다니던 직장을 그만두게 된 시련,
입사 시험이나 취업에 낙방한 좌절감,
운영하던 가게를 폐업하게 된 실패,
건강을 잃게 된 안타까움 등과 같은 일들로
수많은 좌절과 시련 속에서
고통을 겪고 있는 사람들이 많습니다.

그러나 분명한 것은 시련과 고통을 견디어 낸 뒤에는,

성공과 성취의 기쁨을 맞이할 수 있습니다.
그래서 고통은 극복하는 것이 아니라 견디는 것입니다.
왜냐하면 모든 고통은
다 지나가게 되어있기 때문입니다.

끝나지 않을 것 같은 어떤 고통도
분명 그 끝이 있고 지나갑니다.
고통을 견디는 힘이 바로 내일에 대한 희망입니다.
오늘보다 더 나아질 거라는 희망,
그 희망이 고통을 견디게 해주는 힘이 됩니다.

먹구름이 하늘을 뒤덮고 비바람이 쳐도
그 시간이 지나고 나면
푸른 하늘과 환한 햇살은 다시 우리와 함께하듯이,
지금의 시련과 고통도 참고 견디어 내면
성공과 성취라는 기쁨을 맞이할 수가 있을 겁니다.

"Every cloud has a silver lining"이라는

서양 속담이 있습니다.

말 그대로 모든 구름은

'밝은 희망'을 뜻하는 Silver line을 가지고 있습니다.

먹구름 너머로 푸른 하늘과 환한 햇살이 있듯이,

지금 우리가 겪고 있는 시련과 고통 너머에도

행복과 기쁨이 있다는 것을 기억하였으면 좋겠습니다.

똑바로 읽어도 거꾸로 읽어도 기러기입니다.

봄은 희망을 상징합니다.

아마도 혹독한 추운 겨울 다음의 계절이기에 사람들에게 그런 의미를 주는 것 같습니다. 그래서 추위 때문에 피지 못했던 꽃들을 유독 봄에 반기게 됩니다.

꽃과 더불어 봄을 상징하는 것이 또 있습니다. 그것은 바로 제비입니다. '강남 갔던 제비가 돌아오면 봄이다. 라는 말이 있습니다. 물론 여기서의 강남은 서울의 지역을 말하는 것이 아니라 중국 양쯔강의 남쪽 지역을 이르는 남쪽의 먼 곳이라는 것을 뜻한다고 합니다. 봄을 상징하기 때문에 새로운 희망 혹은 소식의 뜻으로 제비에게 의미를 부여하기도 합니다. 이처럼 봄은 사람들에게 새로운 희망과 소식으로 설렘을 주는 계절인 것 같습니다.

대부분이 봄에 다시 시작하고 찾아오고 하는 데 반해 봄에 떠나는 것도 있습니다. 그중 하나가 바로 기러기입니다.

기러기는 추운 겨울을 나기 위하여 우리나라에 머물다가 봄이 되면 시베리아로 떠난다고 합니다. 워낙 먼 거리를 날아가야 하기 때문에 그들만의 독특한 비행 방법이 있습니다. 바로 리더를 중심으로 V자 대형을 그리며 비행합니다. 이유는 앞서가는 리더가 만들어내는 상승기류를 이용해서 뒤따르는 동료들의 비행에 소요되는 에너지를 절약하기 위한 것이라고 합니다. 즉, 맨 앞에 비행하는 기러기는 가장 많은 저

항을 견뎌내야하고, 그 덕분에 뒤따르는 새들이 상대적으로 편하게 비행할 수 있도록 도와줍니다. 이러한 리더의 희생이 먼거리의 이동을 가능하게 만듭니다.

우리 삶도 비슷한 것 같습니다.

가정이나 직장 혹은 단체 어떤 곳에서도
리더의 역할은 중요합니다.
그중에서도 자신의 이익이 아닌
다른 사람을 위하는 희생정신이 있을 때
그 조직은 오랫동안 바르게 성장합니다.

가정에서의 리더인 부모가 자녀를 위해 희생할 때
자녀는 바르게 성장할 것이고,
직장이나 회사에서도
리더가 진정성 있게 솔선수범을 보일 때
후배들이 존경하고 따를 것입니다.

자신이 부모이기 때문에 일방적으로 자녀에게 훈계하고
자신이 상사이기 때문에 지시만을 한다면
그 가정과 조직은 바르게 성장하기 어려울 것입니다.
이처럼 리더의 역할은 중요합니다.

솔선수범과 희생이 리더의 중요한 역할이라는 것을
기러기의 비행을 통해서 다시 한번 생각하게 됩니다.

가정에서, 직장에서 그리고 우리 사회에서,
기러기처럼 자신의 희생을 주저하지 않고 나서는
그런 리더가 있었으면 합니다.

똑바로 읽어도 거꾸로 읽어도 똑같은 기러기가
희망을 뜻하는 봄에 떠나는 안타까움은 있지만
추운 겨울이 되면 V자를 그리면서
다시 돌아올 것이라는 희망을 품어봅니다.

여기서 V는 Vision과 Victory였으면 좋겠습니다.

숙제 잘하는 방법

 학교에 다니는 학생들에게 가장 힘이 드는 것 중 하나가 바로 숙제입니다. 그래서 숙제를 적게 내주는 선생님이 학생들에게 단연 인기가 높습니다. 오죽했으면 자신이 자발적으로 공부를 하고자 선택한 대학원생들조차도 숙제를 적게 내어주는 과목을 선호합니다. 그만큼 숙제라는 것은 하는 사람입장에서는 귀찮고 싫습니다. 그렇다면 학생들이 그토록 싫어하는 숙제를 왜 내어주는지 그 이유에 대하여 잠깐 생각해 보아야 합니다.

많은 사람이 숙제라는 것은 학습을 이해하는 데 도움이 된다고 생각합니다. 물론 숙제라는 것이 수업을 하고 학습하는 데 필요합니다. 하지만 숙제의 다른 측면이 있습니다. 그것은 바로 학생들에게 책임감을 가르치고 훈련하는 과정입니다. 숙제라는 것은 해야만 하는 과제입니다. 즉, 숙제는 하고 싶은 것이 아니라 해야만 하는 것이기 때문에 정해진 시간 내에 숙제를 제출하지 못하면 그에 따른 대가를 치러야 합니다.

우리들의 인생에도 숙제가 있습니다.

학교 다닐 때의 숙제와 다른 점이 있다면

각자에게 주어진 숙제가 다르다는 것입니다.

학교에선 공통된 주제로 숙제를 하였지만,

인생에서는 개인마다 숙제가 다릅니다.

하지만 공통된 점이 있습니다.

그것은 바로 자신이 해야만 하는 것입니다.

하고 싶은 것이 아니라

해야만 하는 것이기 때문에 힘이 듭니다.

인생의 숙제는

학교의 숙제와는 차원이 다르게 어렵습니다.

해야만 하는 숙제이기에 하지 않고 내버려 두면

시간이 지날수록 불안해집니다.

학생이 숙제를 하지 않으면

학교에 가는 것이 꺼려지듯이

인생의 숙제도 하지 않으면 않을수록

삶이 고단해집니다.

인생의 숙제를 잘하는 방법이 있습니다.

자신의 숙제를 다른 사람과 비교하면 안 됩니다.
자신의 숙제를 다른 사람과 비교하는 순간
불만과 핑계가 생깁니다.
그냥 자신에게 주어진 숙제이기 때문에
당연하게 받아들여야 합니다.
'이것을 내가 왜 해야 하는가?'에 대한
의문을 가지는 순간
숙제가 하기 싫어집니다.
자신에게 주어진 숙제이기 때문에 해야만 합니다.

계획적으로 묵묵하게 해 나가야 합니다.
계획이라는 것은 시간이 될 수도 있겠지만
하기 쉬운 것부터 해 나가야 합니다.
어려운 것을 붙잡고 있으면
힘들어서 숙제를 다 하기도 전에 지치게 됩니다.
그러므로 자신이 할 수 있는 것부터 해 나가면 됩니다.

인생의 숙제 검사는 본인이 해야 합니다.
학교의 숙제 검사는 선생님이 하지만
인생의 숙제 검사는 자신이 해야 합니다.
그리고 주어진 숙제를 하지 않으면
스스로 후회하게 됩니다.

인생의 숙제!!
불평불만 하거나 미루지 말고
차근차근해 나갔으면 합니다.

흔들리는 마음

맑은 봄날 오후에는 유독 바람이 많이 붑니다.

그래서 한껏 멋을 부리고 외출에 나선 사람들의 단정한 모습을 흩트리기도 하고, 나뭇가지 끝에 애써 피운 아름다운 꽃들의 잎을 야속하게 떨어트리기도 합니다. 덕분에 햇살이 비치는 맑은 하늘에 꽃비를 만나기도 합니다. 바람이 주는 또 다른 풍경인 것 같습니다.

 바람에 관한 이야기가 있습니다.
 옛날에 진리를 깨닫기 위해 수행을 하던 젊은이가 있었습니다. 세상의 진리와 이치를 알기 위해서 자신의 마음을 먼저 성찰하여야 한다는 생각으로 지내던 어느 날, 대나무가 바람에 흔들리는 것을 보고 스스로 의문을 가지게 되었습니다. 저 모습은 바람이 움직이는 것인지 아니면 대나무가 움직이는 것인지, 몇 날 며칠을 고민하다가 스승에게 그 물음을 하였습니다.
 "스승님, 제가 대나무 숲에서 나뭇가지가 흔들리는 것을 보고 의문이 들었습니다. 대나무 가지가 흔들리는 것은 바람이 움직이는 것입니까? 혹은 대나무가 움직이는 것입니까?"
 스승이 말을 하기를
 "너는 무엇이 움직인다고 생각하느냐?"라는 질문에
 "글쎄요, 바람인 것 같기도 하고 한편으로는 대나무인 것

같기도 하여, 실은 잘 모르겠습니다."라고 하자,

  스승이

  "그렇게 답을 하는 것을 보니 움직이는 것은 바람도 대나무도 아니라 너의 마음인 것 같다."라고 하였습니다.

· · · · ·

그렇습니다.
우리가 경험하는 모든 것은
우리의 마음에서 시작됩니다.
아무리 예쁜 꽃을 보아도
마음이 괴로우면 눈에 들어오지 않는 것이
우리의 마음입니다.

그래서 자신을 사랑하는 사람은
다른 사람도 사랑하고 세상을 사랑하게 됩니다.

하지만 자신의 마음이 부정적인 사람은
모든 것이 부정적으로 보이게 됩니다.
다른 사람을 보고 세상을 만나기 전에
자신의 마음을 먼저 살펴보았으면 합니다.
그리고 자신을 사랑하면 좋겠습니다.

사랑이란 완벽해서가 아니라
부족하기 때문에 더 의미가 있습니다.
**자신을 사랑한다는 것은 주변 사람을 사랑하는 것이고
세상을 아름답게 만드는 것입니다.**
오늘은 자신의 마음을 돌아보고
자신과 사랑을 나누는 시간을 가졌으면 좋겠습니다.

참, 스승과 제자가 나누는 이야기를 지켜보던 지나가는 사람이 한마디 하였다고 합니다.
"움직이는 것은 대나무도 아니고 바람도 아니고 마음도 아닙니다. 제가 지켜보니 움직이는 것은 너희 두 사람의 주둥이입니다."라는 말을 남기고 사라졌다고 합니다.

놀이동산

 놀이동산이라는 곳은 어린아이들에게도 설레는 곳이지만 어른들에게도 또 다른 즐거움을 주는 곳입니다. 날씨가 좋은 날이면 수많은 사람들이 놀이동산을 찾고 즐기려고 합니

다. 특히 인기가 있는 놀이기구인 경우에는 대기하는 데 많은 시간을 보내야 하는 경우가 생깁니다.

이처럼 사람들이 선호하고 좋아하는 놀이기구에는 공통점이 있습니다. 그것은 바로 나이 제한 및 신장 제한이 있는 소위 난이도가 높은 익스트림 기구들입니다. 밑에서 보기만 하여도 현기증이 나거나, 겁이 나는 기구일수록 더욱 인기가 좋습니다. 물론 안전하다는 보장이 있어서 그 무서움을 즐긴다고는 하지만 그래도 웬만한 강심장이 아니고는 섣부른 도전을 하기가 쉽지 않습니다. 멋모르고 그런 놀이기구에 올랐다가 공포감에 두 번 다시는 타지 않을 것이라고 결심하더라도 그 공포감이 주는 짜릿한 매력에 빠져서 또 타게 되는 경우도 있습니다. 돈을 지불하고 거기에다가 오랜 대기시간을 거치면서 까지도 매력에 빠지는 이유는 무서움과 공포의 한계를 넘어서는 묘한 쾌감과 성취감 때문이라는 생각이 듭니다.

우리들의 삶도 비슷한 것 같습니다.

학교생활, 직장생활, 그리고 결혼생활 등

우리가 하는 대부분의 일들은 원래 힘들고 어려운 일입니다.

그토록 원해서 들어간 학교나 직장에서

힘들어하거나 갈등을 겪고,

행복할 거라고 생각한 결혼생활이

순탄하지 않은 것을 보면

우리들의 생활이 결코 쉬운 일은 아닌 것 같습니다.

힘들고 어려운 직장이나 학교생활 때문에

중도에 포기하거나 혹은 체념하면서

힘들게 살아가는 사람이 있는가 하면

그 힘든 것을 이겨내고 마침내 즐기면서

행복을 찾아가는 사람들도 있습니다.

마치 놀이기구를 타면서

겁에 질려서 비명만 지르다가

고통 속에서 시간을 보내는 사람이 있는가 하면

즐겁고 기쁜 함성을 지르면서

그 순간을 즐기는 사람도 있습니다.

우리들의 일상에서도

어떤 사람들은

괴로워하고 힘들어하면서 지내는 사람이 있는가 하면,

어떤 사람들은

오히려 즐기면서 행복을 찾아가는 사람들도 있습니다.

놀이기구의 난이도에 따라서 대기시간이 달라지는 것은

공포와 무서움을 극복하였을 때 갖게 되는

쾌감과 성취감 때문인 것처럼,

우리 인생도 힘들고 어려운 순간을 극복하였을 때

얻게 되는 성취감과 행복이 더 큰 것 같습니다.

만약 지금 힘들고 어려운 상황에 있다면

인생이라는 놀이동산에서

가장 인기 있는 놀이기구에 타고 있다고 생각해보세요.

**그리고 지금의 공포감과 고통을 참고 견디면
더 큰 성취감과 행복, 그리고 즐거움이 다가올 것입니다.**

지금 인생이라는 놀이동산에서
탑승하고 있는 놀이기구가 너무 힘들다면,
인기 없는 그리고 상대적으로 안전하지만
재미없는 기구로 바꾸어 타는 것도 방법입니다.
하지만 성취감과 행복이라는 기쁨은 없을 겁니다.

인생이라는 놀이동산에서 마음껏 즐기시기를 바랍니다.

달콤한 인생

우리들의 먹거리 중에 팥이라는 것이 있습니다.

특이하게도 팥은 한여름에도 그리고 한겨울에도 친숙한 음식인 것 같습니다. 여름에는 더위를 식혀주는 팥빙수라는 음식으로, 추운 겨울에는 몸을 따뜻하게 만들어주는 팥죽으로 함께 하고 있습니다.

팥빙수가 되었든 팥죽이 되었든 팥의 단맛을 내는데 비법이 있다고 합니다. 그것은 바로 소금입니다. 대부분의 사람들은 팥의 단맛이 설탕으로만 이루어진다고 생각하겠지만, 오히려 설탕만으로는 단맛의 깊이가 없다고 합니다. 물론 설탕의 단맛이 조금은 필요하겠지만 설탕의 단맛과는 정반대인 소금이 팥의 단맛을 책임지고 있다고 합니다.

이처럼 짠맛이 오히려 단맛의 깊이를 더해준다는
화학적 원리가 우리들에게 교훈을 주는 것 같습니다.

누구나 행복하고 즐겁고 유쾌하고
풍요로운 삶을 기대하고 꿈을 꿉니다.
하지만 이러한 행복과 즐거움, 그리고 풍요로움은
고통이나 좌절 등과 같은 상처를
치유하고 넘어설 때 얻게 되는 결과물입니다.

수없이 많은 이력서와 면접에서의 탈락을 경험한 후
얻게 되는 취업은 더 큰 기쁨과 행복이 될 것입니다.
끝이 보이지 않을 것 같은
사업의 거듭된 실패 속에서 얻게 되는 성공은
더 보람되고 큰 성취감이 될 것입니다.

설탕만으로는 단맛을 낼 수 없듯이
재미있고 즐거운 일들만으로
행복을 만들어 갈 수 없습니다.
소금의 짠맛과 설탕의 단맛이
화학적 결합을 이룰 때 달콤함이 완성되듯이,
우리들의 삶도 상처와 고통이라는 힘든 일들이
우리의 의지와 함께 할 때 행복으로 다가옵니다.

즉, 상처와 어려움이라는 인생의 짠맛이
우리의 의지와 화학적 결합을 할 때
깊이 있고 의미 있는 행복의 달콤함을 만들 수 있습니다.

지금 어려움과 고통에 있다면 그 어려움과 고통은

자신의 의지와 화학적 결합을 하여

행복과 기쁨이라는 달콤함을 만들어 가는 과정입니다.

그것이 바로 달콤한 인생입니다.

우리의 달콤한 인생(La dolce vita)을 위하여~~~

슬픔이 차오를 때

괜찮다고 말해주고 싶어요

슬퍼지려 하기 전에...

느낌과 감정은 다른 것입니다.

느낌은 우리 감각에 의한 것이고 감정은 타고난 본능입니다. 몇 날 며칠을 먹지 않고 잠을 한숨도 안 자게 되면 정상적인 행동은 물론이고, 생존의 위협을 받게 되는 것은 우리의 본능이기 때문입니다.

감정도 마찬가지입니다. 감정은 본능이기 때문에 없애야 하는 것이 아니라 잘 다스려야 합니다. 마치 우리가 배가 고프다고 아무거나 먹게 되면 오히려 해가 되고, 잠을 불규칙적으로 자게 되면 생활에 지장이 있듯이, 생활 속에서 일어나는 감정도 그대로 둘 것이 아니라 잘 다독이고 끌어안아야 합니다.

감정 중에서도 기쁨과 슬픔은 중요한 핵심 감정입니다.

기쁨이라는 감정도 우리가 살아가는데 소중한 감정이지만, 슬픔이라는 감정도 중요한 감정입니다.

대부분의 사람들은
기쁨은 좋은 감정이기 때문에 좋아하지만,
슬픔은 좋지 않은 감정이라고 생각해서
회피하려고 합니다.

그런데 기쁨 감정과 슬픔 감정의 공통점이 있습니다.
그것은 눈물을 흘리게 된다는 것입니다.

우리는 슬플 때도 눈물을 흘리지만
기쁠 때도 눈물이 납니다.

그러니 혹 살아가면서 슬픔이 찾아올 때는
그리고 눈물이 흐를 때는 생각하십시오.
슬픔을 느끼고 있으니
기쁨도 자신 안에 함께 하고 있다는 것을 기억하십시오.

마치 밤과 낮이 우리의 하루를 만들듯이
기쁨과 슬픔도 나의 소중한 감정입니다.

슬퍼지려 하기 전에...

사랑하지는 못할지라도...

 살아가면서 상처받지 않고 사는 사람은 없습니다. 그리고 대부분의 상처는 멀리 있는 사람이 아니라 부모, 형제, 남편, 아내 그리고 가까이 있는 친구나 직장동료와 같이 바로 자신 주변의 사람들로부터 받게 됩니다.

그리고 그 상처를 치유하지 않고 놓아두면 시간이 지나면 지날수록 더 깊어지고 고통스러워집니다. 그래서 주변 사람들로부터 상처 준 사람을 용서하라는 조언을 받기도 하고 또한 스스로도 용서해야 한다고 생각합니다. 하지만 머리로는 용서가 되는데 마음 깊은 곳에서는 용서가 되지 않습니다. 이유는 용서라는 것을 잘못 이해하고 있기 때문입니다.

**누군가를 용서한다는 것은 그 사람이
잘못한 것을 이해하고 받아들이는 것이 아닙니다.**

우리는 신이 아닙니다.
인간이 인간의 죄를 사한다는 것 자체가 무리입니다.

우리가 할 수 있는 용서는
상처 준 사람의 잘못을
이해하고 받아들이는 것이 아니라
더 이상 그 사람을 향한 미움의 마음을
차단하는 것입니다.

**즉, 상처받은 사람에 대한
원망과 미움의 마음을 중단하는 것이 바로 용서입니다.**

누군가를 사랑하지는 못할지라도
미워하고 원망하는 마음에
자신의 소중하고 귀중한 에너지를
더 이상 낭비하지 마세요.

**그냥 멈추세요.
그리고 그 소중하고 귀중한 에너지를
당신을 사랑하는 데 사용하세요.**

그것이 바로 용서입니다.

**사랑하지는 못할지라도,
용서할 수는 있습니다.**

감정활용법

우리의 생활 중에서 가장 중요한 것 중 하나가 바로 먹는 것입니다. 그래서 주방이라는 곳은 모든 가정에서 중요한 장소입니다.

이러한 주방에서 음식을 하기 위해서 필요한 도구 중 하나가 바로 칼입니다. 칼은 우리가 먹는 음식을 요리 할 수 있도록 하는 기본 도구입니다. 하지만 이런 유용한 칼도 잘못 다루게 되면 흉기로 바뀌게 됩니다. 결국은 칼의 문제가 아니라 어느 누가 언제 어떻게 사용하느냐에 따라서 우리에게 유용한 도구가 되기도 하고 흉기가 되기도 합니다.

사람의 감정도 마찬가지입니다.

사람의 감정은 본능입니다.

이러한 본능적 감정은
회피하거나 없애는 것이 아닙니다.
하지만 대부분 사람들이
부정적인 감정을 느끼는 것을
싫어하고 없애려고 노력하지만,
그것은 없어서는 안 되는 본능이기 때문에
오히려 부정적인 감정을 활용하는 방법을 배워야 합니다.

부정적인 감정을 잘 활용한다면

문학과 예술, 사랑과 교육, 소통과 친밀한 관계와 같은

삶의 행복을 얻을 수 있지만,

잘못 활용하게 되면

증오와 원망, 시기와 질투,

심지어는 범죄와 같은 끔찍한 결과로 이어지게 됩니다.

결국은 감정의 문제가 아니라

감정을 어떻게 다룰 것인가에 대한

활용하는 방법의 문제입니다.

지금 우리에게 생기는 감정을

자신이 어떻게 활용하느냐에 따라서

오늘 하루가 잘 만들어져 갈 것입니다.

감정은 억제하고 회피하는 것이 아니라

활용하는 것입니다.

감정을 잘 활용하려면

자신의 감정에 관심을 두고 사랑하는 것이 중요합니다.

어떤 감정이 일어나더라도

그 감정에 관심을 가져야 합니다.

그리고

그러한 감정을 사랑하시면 됩니다.

그것이 바로 감정활용법입니다.

충동과 행동

 우리의 생활에서 필요한 것 중 하나가 바로 자동차입니다. 이동 수단으로 필요하기도 하지만 자기 삶을 연출하기 위해서도 중요한 부분을 차지합니다. 자신의 개성을 연출하는 디자인과 색상을 갖춘 자동차는 행복한 삶을 살아가는 또 다른 부분입니다.

하지만 아무리 멋지고 고급스러운 자동차라고 하여도 연료가 없으면 조금도 움직일 수가 없습니다. 기본적으로 자동차를 움직이려면 휘발유인지, 디젤인지 그리고 전기차나 수소차인지 그 기종에 맞는 연료가 꼭 필요합니다.

물론 연료가 채워졌다고 다 해결되는 것은 아닙니다. 안전하게 운전하는 방법을 배워야 합니다. 만약 안전을 무시하는 음주나 졸음 상태 혹은 무면허 상태로 운전하면 자동차는 다른 사람과 자신을 다치게 하는 무서운 흉기가 됩니다. 그래서 운전할 때는 집중력이 필요합니다.

마찬가지로 인생을 살아가는 데 필요한 에너지가 있습니다.

그것이 바로 감정입니다.
감정을 영어로 하면 'Emotion'으로
밖을 뜻하는 'e'와 움직임을 의미하는 'motion'이
결합한 단어로써

감정이란 안에서 밖으로 움직인다는 것을 의미합니다.

사람은 감정이 있어야 살아있는 존재입니다.
특히 우리가 좋지 않게 생각하는
부정적인 감정은 꼭 필요합니다.

슬픔이 있어야 문학과 예술이 발전하고,
분노가 있어야 정의가 살아있고,
두려움이 있어야 용기가 생깁니다.

이처럼 감정은 살아가는 데 꼭 필요하지만,
문제는 감정적으로 표현할 때입니다.
감정을 감정적으로 표현하는 것을 충동이라 합니다.
이러한 충동적인 표현은 문제의 근원이 됩니다.

하지만 감정을 잘 다루면 행동이 됩니다.

우리는 충동과 행동을 혼동합니다.

충동은 자신의 의식적 개입이 없이 나오는 표현이고
행동은 감정과 의식이 함께 표현되는 것입니다.

충동은 졸음운전과
같은 것이기 때문에 대단히 위험합니다.
그래서 다른 사람은 물론이고
자신에게도 상처로 돌아옵니다.
우리가 살아가면서 상처를 주고받는 모든 것들은
바로 충동적 표현 때문입니다.
그래서 행복한 삶을 원한다면
충동이 아닌 행동을 해야 합니다.

행동이라는 것은 감정을 알아차려야 합니다.
물론 감정은 순간적으로 떠오르기 때문에
알아차린다는 것이 쉽지 않은 일입니다.
그러므로 연습과 훈련이 필요합니다.
순간적으로 떠오르는 감정을 알아차리는 것을
마음 챙김이라고 합니다.

어떤 사람들은 충동적 표현으로
상처를 주고받는 것이 싫어서
감정을 억누르고 회피하려는 경우가 있습니다.
감정을 억누르는 것이 빈번해지면
스트레스가 가중되고 감정을 회피하려고만 하게 되면
우울증이 되기도 합니다.

감정은 없애거나 억누르는 것이 아니라
알아차리고 관심을 가져야 합니다.
그래서 평소에 자기 성찰이 필요하고 중요합니다.

평소에 어떤 감정상태에 있는지
늘 성찰하고 관심을 가질 때
감정은 감동적인 행동으로 표현됩니다.

충동이 아닌 행동을 할 때 행복이 함께 합니다.

새장과 세상

 어미 새의 보호 속에 있었던 어린 새가 둥지를 떠나 자신만의 세상을 위한 새로운 비행을 하고 있었습니다. 우거진 숲 속은 나무들로 가득하였고 그 사이로 비치는 푸른 하늘과

따뜻한 햇볕은 평화롭고 행복하기에 부족함이 없었습니다.

 평화로운 숲속을 행복하게 비행하던 어느 날 예상치 못한 일을 겪고 말았습니다.
 평화롭게만 보였던 숲속에 있는 나무들 사이에 있는 날카로운 나뭇가지에 날개를 찔려버렸습니다. 그 상처가 너무도 고통스럽고 아파서 더 이상 날개를 펼 수 없게 되었습니다. 그래서 비행을 포기하고 땅에서 아픈 상처와 함께 시간을 보내고 있었습니다.

 어린 새는 날개에 상처를 입힌 날카로운 나뭇가지를 생각하면 너무도 두렵고 무서워서 자신을 지킬 수 있는 안전한 새장을 만들었습니다. 새장 속은 상처를 주는 여러 가지 위험에서 자신을 안전하게 만들어주는 공간이 되었습니다.

 시간이 지나고 세월이 흐른 뒤 상처는 이미 아물었지만, 그때의 상처가 너무 무섭고 두려워서 자신이 만든 안전한 새장 밖으로 나갈 용기가 나지 않았습니다.

비록 새장 속에서는 상처들을 피할 수는 있었지만, 새장 밖의 세상에 있는 행복감과 평화로움은 경험할 수가 없었습니다.

  그러던 어느 날 큰 결심을 하였습니다.
  비록 숲속에는 자신에게 상처를 줄 수 있는 위험 요소들이 많지만, 그렇다고 자신이 비행하면서 경험하였던 행복과 평화로움을 포기한다는 것은 어리석다고 생각하였습니다. 그래서 자신이 스스로 만들어 놓은 새장을 나와서 상처를 받을 수도 있지만 행복과 평화로움이 있는 세상을 향하여 힘차게 날개를 펼치고 날아올랐습니다.

  안전한 새장을 떠나 용기 있게 비행하는 모습을 응원해 주는 푸른 하늘과 따뜻한 햇살과 함께 기쁨의 눈물을 흘렸습니다.

· · · · ·

사는 것이 고(苦)인 것 같습니다.

그래서 고통은 피하는 것이 아니라
직면하는 용기와 잘 견디는 지혜가 필요합니다.
고통이 너무도 괴롭고 힘들어서
자신이 만들어 놓은 안전한 새장 속에서
살아가고 있는 일도 있습니다.
더 이상의 고통에 대한 상처를 받지는 않겠지만
새장 밖에 있는 세상에서의 행복을 얻지도 못합니다.

새장은 안전합니다.
그러나 세상은 불안전합니다.
새장은 자신만을 가두어 두고 있습니다.
그래서 안전합니다.
그러나 세상은 자신을 다른 것들에게 노출시킵니다.
그래서 불안전합니다.

새장은 어제와 오늘이 그리고

오늘과 내일이 변화가 없습니다.

그래서 안전합니다.

그러나 세상은 어제와 다른 오늘이 있고,

오늘과 다른 내일이 존재하기 때문에 불안전합니다.

새장은 상처에 대한 두려움이 없어서 안전합니다.

그렇지만 행복도 없습니다.

세상은 상처를 주고받는 두려움이 있어서 불안전합니다.

그렇지만, 주고받는 상처를 치유하고

위로하고 화해하고 극복하면서 행복을 만들어갑니다.

새장은 늘 안전합니다.

세상은 언제나 불안전합니다.

"여러분들은 새장 속에서 살아가고 싶으신가요?"

"아니면 세상에서 살고 싶으신가요?"

Nice Try; 실패해도 괜찮습니다.

 캐나다에 갔을 때의 일입니다.

 꽤 긴 거리의 비행시간에 지친 피로가 가시기도 전에 동네 야구장으로 구경을 갔습니다. 초등학생들로 이루어진 야구

경기였지만 제법 규모를 갖춘 느낌이 들었습니다. 유니폼에서부터 코치진들과 교감을 하는 모습까지, 어린아이들이 모인 야구단이었지만 마치 프로구단을 보는 듯한 느낌이 들었습니다. 물론 관중석에는 어린 학생들과 관련된 가족들이나 지인들이 대부분이었습니다.

그런데 경기를 관람하는 중 충격을 받았습니다. 헛스윙하는 선수에게 'Nice Try'라고 함성을 보내는 것입니다. 순간 온몸에서 전율이 느껴졌습니다. 이기려고 하는 경기에서 치명적인 실수를 하는 선수들에게 이런 응원을 할 수 있다는 것이 너무도 충격적이고 아름답게 느껴졌습니다.

• • • • •

살다 보면 지치고 힘들 때가 있습니다.

학생은 학생대로 직장인은 직장인대로
그리고 가정일을 전담으로 하는 전업주부부터
심지어는 어린아이까지 지치고 힘들 때가 있습니다.
각자가 자신이 있는 자리에서 힘든 이유가 다르지만,
분명 힘이 드는 것은 사실입니다.
비록 다른 사람의 시각이나 입장에서 보면
그것이 이해되지 않을 수도 있겠지만 힘이 듭니다.

우리가 살면서 힘이 드는 이유 중의 하나는
일 자체가 힘들어서 힘이 들 수도 있겠지만
제일 중요한 것은
자신이 처한 상황에서 힘들어하는 자신에게
아무도 관심을 가지지 않는 것 때문에 힘이 듭니다.

어떤 경우에는 관심이 아니라
오히려 힘들어하는 상황이나 모습을
비난하고 질책하는 것 때문에 더 힘이 듭니다.
물론 다른 사람의 시각이나 측면에서 보면

힘들지 않은 상황일 수도 있겠지만

그 상황에 있는 당사자는 분명 힘이 듭니다.

그래서 사람은 관계가 중요하고 관심이 필요합니다.

관심이라는 것은

나의 시각이나 입장에서 보는 것이 아니라

상대방의 처지에서 생각하는 것이 관심입니다.

이처럼 상대방의 입장에서

관심을 가지고 그 고통을 이겨내고 극복할 수 있도록

도와주는 것이 배려고 격려입니다.

배려와 격려는

사람의 관계에서 할 수 있는 아름다운 일입니다.

왜냐하면 배려와 격려는

자신의 입장에서 세상을 보는 것이 아니라

상대방의 상황에서 세상을 경험하고 느끼기 때문입니다.

살아가다 보면 고통스럽고 힘이 들 때가 있습니다.

그런 고통 속에 있을 때 누군가의 도움이 필요합니다.
그것이 배려와 격려입니다.
그 배려와 격려가 있을 때 인생은 아름다워집니다.

오늘도 눈길을 주변으로 돌려서
서로 배려와 격려를 하는
아름다운 세상을 만들어 갔으면 좋겠습니다.

"Nice Try. 실패해도 괜찮습니다"

과거를 바꾸어 드리겠습니다.

　회상(回想), recall, look back. 지난 일을 돌이켜 생각한다는 뜻입니다. 오랜만에 만난 친구들이나 가족들이 한자리에 앉아서 시간을 나누는 많은 부분 중 하나가 지나간 이야기입

니다. '그때가 좋았다.', '그때는 재미있었다.' 와 같은 표현으로 지난 시간을 되돌아봄으로써 좋은 추억으로 자리매김한 시절을 소환합니다. 모두에게 기분 좋은 기억이기 때문에 그렇게 생각할 수 있을 겁니다. 지금은 비록 돌이킬 수 없는 지나간 일들이지만, 너무도 소중한 기억으로 자리하고 있기에 떠올리는 것만으로도 행복해집니다.

하지만 똑같이 지난 시간을 돌이켜 생각하지만 전혀 다른 기억들이 있습니다. 그것은 후회와 원망 혹은 증오와 미움으로 가득한 기억들입니다. 좋은 기억을 떠올리는 회상하고는 정반대의 기억 소환입니다. 그러한 기억들은 현재 상황을 다 부정하고 싶고 없애 버리고 싶은 마음이 기반이 되어 나온 것입니다. 이러한 원망하고 후회하는 기억들만 없었더라면 현재의 힘든 상황은 생겨나지 않았을 것이라고 생각하기 때문입니다.

살아가면서 우리는 현재의 고통이나 어려움을 과거의 어떤 경험 탓으로 돌리려는 마음이 들기도 합니다. 어떻게 보면 당연하고 자연스러운 현상입니다. 그러나 중요한 것은 과거는 이미 지나간 시간의 일이고 지금에 와서 원망하거나 후회하고 탓한다고 하더라도 해결하거나 바뀔 수가 없다는 것입니다. 그래서 현재가 달라지지 않기 때문에 더더욱 현실을 원망하고 크나큰 좌절감을 느낍니다.

하지만 과거를 다르게 인식할 수는 있습니다.

조용히 눈을 감고 과거의 자신에게 다가가 보세요.
외로워하는 자신을 만나보세요.
힘들어하는 자신을 만나보세요.
어리석은 생각과 행동을 하는 자신을 만나보세요.

그리고 안아주세요.
지금의 당신은
과거의 자신을 평가할 정도로 성숙되어 있습니다.
그러하니, 따뜻하게 안아주세요.

그리고 이야기해 주세요.

괜찮다고...

힘들어하는 과거의 자신에게 이야기하세요.

괜찮다고...

외로워하는 과거의 자신에게 이야기하세요.

당신이 함께 있으니

괜찮다고...

어리석은 생각과 행동을 하는 자신에게 이야기하세요.

그럴 수밖에 없는 것을 이해하니

괜찮다고...

이 세상 누구도 안아주지 못하고,

어떤 누구도 이해하지 못하는

과거의 자신을 안아주세요.

가만히 보면 과거의 당신은

기쁨을 준 적도 있습니다.

행복도 주었습니다.

그리고 자신감도 주었습니다.

진심으로 꼭 껴안아 주세요.

따뜻하게 이야기해주세요.

당신이 함께하고 있으니 괜찮다고.

앞으로도 버리지 않고 함께 할 것이라고.

라스트 콘서트

 영화라는 것은 우리 삶을 반영하고 또한 시대적 흐름을 보여주는 것 같습니다. 지금이야 이런 부류의 영화가 별로 없지만, 한때에는 남녀 간의 사랑인 멜로물이 대세였던 적이 있

었습니다. 대부분 여자 주인공이 병으로 젊은 나이에 생을 마감함으로써 두 사람의 애틋함을 주제로 한 영화가 주를 이루었습니다. 그중에서 백혈병에 걸려서 시한부 인생을 사는 여자와 슬럼프에 빠져서 인생을 허비하고 있는 남자 피아니스트와의 사랑을 다룬 영화가 있었습니다. 여자는 비록 시한부 인생을 살고 있지만 좌절하지 않고 오히려 슬럼프에 빠진 남자를 위로하고, 남자 역시 그 여자를 통하여 삶의 행복을 찾게 되고 그녀를 위해서 만든 노래를 무대에서 마지막으로 연주하면서 두 사람의 인연을 마무리한다는 내용입니다. 지금의 관점에서 보면 너무도 진부한 내용일지도 모릅니다.

하지만 그 영화를 보면서 마지막이라는 것을 다시 생각해보게 되었습니다.

우리 삶은 분명 마지막이 있습니다.

그 마지막의 순간이 언제인지는 모르겠지만
누구에게나 찾아오는 순간입니다.
마지막이라는 것이 슬픔이나 두려움이 될 수도 있겠지만

마지막이 있으므로 지금의 순간이 소중한 것 같습니다.

만약 모든 것이 끝이 없고 영원하다면
우리는 지금이라는 순간의 소중함이 필요가 없습니다.
이렇게도 살아보고 저렇게 살아도 될 것입니다.
하지만 끝이라는 순간이 있기에
지금이 더 소중합니다.

지금 여러분과 함께하는 사람들,
각자의 자리에서 하는 일들도
언젠가는 끝이 있으므로
함께 하는 지금의 순간이 소중합니다.

우리는 인생이라는 각자의 무대에 이미 올라와 있습니다.
그리고 언젠가는 그 무대에서 내려가야 합니다.
마지막 무대에서 해야 하는
자신의 라스트 콘서트를 생각해 봅시다.

만약 라스트 콘서트를 멋지게 하고 싶다면
지금의 순간을 잘 보내야 합니다.
지금의 순간을 잘 보낸다는 것은
현재의 소중함을 깨닫고 고마움을 찾는 것입니다.

왜냐하면 지금 순간들의
소중함과 고마움이 연속되어
우리의 마지막 무대를 만들어 가기 때문입니다.

마지막이라는 것은 슬픈 일이 아닙니다.
마지막이라는 것은 우리를 더 겸손하게 만들고
깨어 있게 해주는 훌륭한 스승입니다.
우리 모두가 각자의 자리에서 하고 있는 지금의 일들은
언젠가는 지나가고 그만두어야 할 것들입니다.

중요한 것은 지금 우리가 가지고 있는 것들은
모두 지나가기 때문에 허망한 것이 아니라
소중히 다루어야 할 보물입니다.

현재의 소중함과 감사함을 모르는 사람에게는

행복한 성공의 미래가 올 수 없습니다.

설령 성공이 오더라도

그 성공은 불행과 후회로 가득할 것입니다.

지금의 소중함과 감사함에 집중하세요.

그 소중함과 고마움들이 모여서

당신 자신의 멋지고 감동적인

라스트 콘서트를 만들어 갈 것입니다.

감동적인 라스트 콘서트의 시작은 지금부터입니다.

위로

 살아가면서 여러 가지 힘든 일이 많습니다.

 특히 마음의 문제는 별거 아닌 것처럼 보이지만, 막상 그 일을 경험하는 사람에게는 엄청난 고통이 될 수 있습니다.

마음이라는 것이 겉으로 드러나지 않기 때문에 그 고통을 겪는 당사자의 아픔을 함께한다는 것이 쉬운 일이 아닙니다. 이러한 마음의 상처를 치유하거나 심리적 문제를 해결하는 전문적인 활동이 심리상담입니다. 그렇기 때문에 이러한 마음의 문제를 다루기 위해서는 체계적이고 전문적인 수련 과정이 필요합니다.

이러한 심리상담은 상담자가 수련 과정에서 공부한 이론과 기법에 따라 사람의 문제를 다르게 접근하고 치료하게 됩니다. 즉, 사람의 문제를 보는 이론적 관점에 따라 해결하고 치료하는 방법이 다릅니다. 그렇지만 다양한 치료적 관점에서 접근하더라도 공통된 기법이 있습니다.

그것이 바로 공감입니다.

공감이라는 것은
상대방이 경험하고 있는 마음의 고통을
진심으로 이해하고 도와주려는 마음이기 때문에
모든 심리상담에서 가장 기본이 되고 중요한 기법입니다.

공감이 이루어지지 않는 상황에서는
더 이상 심리상담이 진행되기 어렵기 때문에
공감이라는 것은 중요합니다.
그러나 누군가의 마음을 이해하고 도와준다는 것이
쉬운 것 같지만 결코 쉬운 일이 아닙니다.
그렇기 때문에 많은 학습과 다양한 수련이 필요합니다.
하지만 이러한 전문적인 수련 없이
사람을 돕는 방법이 있습니다.

그것이 바로 위로입니다.

위로는 상대방의
괴로움이나 아픈 마음을 달래 주려고 하는
따뜻한 말이나 행동을 의미합니다.
전문적인 공부나 체계적인 수련이 필요한 것이 아니라
진심 어린 마음만 있으면 가능한 것이 위로입니다.

누군가를 위로해 준다는 것은

그 사람의 문제를 해결해 주는 것은 아니지만
괴로움이나 고통을 겪는 당사자의 외로움을
달래주는 의미 있는 일입니다.

위로받는 순간 외롭지 않기 때문에
괴로움과 고통을 견딜 힘이 생깁니다.
그러므로 위로는 살아가면서 필요합니다.

우리는 살아가면서 괴로움과 고통
그 자체 때문에도 힘이 들겠지만,
그것보다도 더 힘이 드는 것은
자신의 괴로움과 고통을
혼자서 짊어지고 가야 한다는
외로움이 더 힘이 듭니다.
그 외로움으로
땅이 꺼질 듯한 절망과 좌절을 경험하고
고개를 떨구고 맙니다.

삶에서 괴로움과 고통을 직면해야 하는 것은 필요하지만
모든 것을 혼자 안고 가야 할 필요는 없습니다.
그래서 위로가 필요합니다.

절망과 좌절을 경험할 때 힘이 들지만,
고개를 떨구고 살아갈 필요는 없습니다.
그래서 위로가 필요합니다.

위로는 더 이상 고개를 떨구면서 살아갈 필요 없이
희망을 향해
고개를 위로(look-up) 보게 하는 힘이 있습니다.

오늘도 위로를 통해서
고개를 위로(look-up) 보면서 살아갔으면 합니다.

상처의 변신(Transformation)

가파른 절벽 위에 독수리들이 모여 있었습니다.

그들은 사냥하기 위해 비행을 하다가 심한 상처를 입고 그 상처가 아물기를 기다리며 지친 몸과 마음을 달래고 있었습니다.

그 중 한 독수리가 말을 하였습니다.

"난 더 이상 이런 상태로는 사냥은커녕 나는 것도 힘들어. 먹이를 구할 수 있는 다른 방법을 찾아봐야겠어."라고 이야기하였습니다.

그러자 다른 한 독수리도

"그래, 사실 나도 이제 지쳤어. 사냥하기 위해 비행을 하기에는 지금 나의 날개가 너무 작아."라고 이야기하자 나머지 독수리들도 각자 자신이 날지 못하는 이유를 하나씩 이야기하기 시작하였습니다.

그들은 푸른 하늘 너머로 홀연히 비행하는 가장 큰 독수리를 항상 부러워하며

"저 정도는 되어야 사냥도 하고 비행도 할 수 있는 거야. 우리도 저렇게 될 수 있는 방법을 찾아보자."라고 이야기하였습니다. 그리고 독수리들은 그들도 창공을 높이 비행해서 더 많은 사냥감을 잡는 방법을 고민하기 시작하였습니다. 하지만 그들 모두는 날개와 몸에 심한 상처를 입고 있었으므로 하늘 높이 날아서 사냥하기는 어렵다는 결론을 내고서는

마침내 땅으로 내려가서 토끼를 잡기로 하였습니다. 그러나 눈앞에 토끼들이 지나갔지만, 그들은 토끼를 잡을 수가 없었습니다. 토끼는 너무도 빨랐고 상대적으로 그들은 느렸습니다. 그들은 할 수 없이 땅에서 사냥하는 것을 포기하고 다시 계곡 위로 올라갔습니다.

그러자 창공 높이 날고 있던 가장 멋지고 큰 독수리가 그들에게 다가왔습니다.

"아니 우리 독수리들은 하늘 높은 곳에서 사냥감을 겨냥해야 하는데 왜 땅에서 사냥하려고 하니?"라고 묻자,

다른 독수리들이

"그걸 누가 몰라서 묻는 거니? 넌 멋지고 큰 날개를 가지고 있어서 우리 입장이 잘 이해되지 않겠지만 우리는 현재 날개에 심한 상처를 입어서 하늘을 비행하는 것이 힘들어. 그래서 좀 더 쉬운 방법을 찾으려고 땅으로 내려갔지."

멋지고 큰 날개를 가진 독수리는

"그래서 땅으로 가서 사냥에 성공했어?"라고 물었습니다.

그들은

"아니, 성공 못 했어. 그러는 너는 좋겠다. 너무도 멋지고 큰 날개를 가지고 있어서"라고 그 독수리를 부러워했습니다.

그러자 멋지고 큰 날개를 가진 독수리가 날개를 크게 펼쳐 보이며,

"난 온통 상처투성이야. 이 모든 상처는 하늘을 좀 더 높게 날아서 사냥하려다 생긴 것들이야. 하늘을 높게 비행한다는 것, 그리고 사냥을 한다는 것은 상처 없이는 할 수 없는 일이야. 만약 너희들처럼 상처 나는 것을 두려워하고 힘들어하는 마음을 가지고 있다면 나처럼 높게 비행하지 못하는 거야."라는 말을 남기고 높고 푸른 하늘로 날아갔습니다.

● ● ● ● ●

양은 냄비에 물을 끓이면 무쇠 냄비보다도 빨리 끓습니다.
하지만 불을 끄게 되면 무쇠 냄비보다도 빨리 식게 됩니다.
즉, 쉽게 얻은 것은 그만큼 쉽게 잃게 되는 것입니다.

힘들이지 않고 어떠한 것을 이룰 수 있는 것은
아무것도 없습니다.
어떠한 것을 얻으려면
그것을 얻기 위한 과정을 겪어야만 합니다.
그리고 그 과정에는 반드시
좌절과 아픔과 같은 상처가 있습니다.

독수리가 더 높은 창공으로 비행하기 위해서
조그마한 상처를 두려워하지 않고
위험을 감수해야 하듯이,
우리들도 자신이 원하는 삶을 살아가려면
그만큼 많은 상처를 이겨내야 합니다.
우리들이 살아가면서 겪게 되는 상처들을
견디고 이겨내려고 노력할 때
성공과 행복은 우리에게 다가올 것입니다.

이것이 상처의 변신(Transformation)입니다.

폭포(a fall)

거대한 물줄기가 떨어지는 폭포를 마주하고 있으면 자연의 경이로움이 느껴집니다. 그래서 세계 각지에서 수많은 사람이 유명한 폭포를 찾고 그 웅장함과 위대함에 감탄합니

다. 이처럼 사람들에게 감탄을 자아내는 폭포는 사연을 가지고 있습니다.

그것은 바로 평범하게 흘러가는 물들이 낙차를 만나게 될 때 멋진 폭포가 된다는 것입니다. 만약 흘러가는 물줄기가 낙차를 만나지 못한다면 그저 강으로 흘러가는 물줄기에 불과할 겁니다.

우리의 삶도 비슷한 것 같습니다.

살아가면서 직장 문제, 경제적 문제,
혹은 가족이나 친구 관계의 문제로
어려움에 처해 있는지는 모르겠지만,
이전과 다른 지금의
익숙하지 않은 어려움에 직면할 수 있습니다.
그리고 대부분은 이러한 어려움들 때문에
힘들어하고 고통스러워합니다.

하지만 이러한 어려움들을

지혜롭고 용기 있게 잘 견디어서 이겨내고 나면
우리들의 삶은 한층 더
성장해있고 성숙해져 있을 것입니다.

왜냐하면 이러한 어려움과 고통이
우리들의 일상을
위대한 폭포로 만들어 줄 낙차이기 때문입니다.

다만 중요한 것은
흘러가는 물줄기가 마르지 않아야
낙차가 폭포를 만들듯이,
직면한 어려움과 고통 앞에
고개를 돌리지 말고 정진할 때
그 어려움과 고통이 낙차가 되어서
더 멋지고 위대한 삶의 폭포를 만들어 갈 수 있을 겁니다.

꼭 기억하세요.

우리 앞에 놓인 익숙하지 않은 어려움은 고통이 아니라,
삶을 새롭고 위대하게 만들어 줄 낙차입니다.

그리고 어려움과 고통이라는 낙차를 통해서
인생에서 펼쳐질
자신만의 멋진 폭포를 만들어 갔으면 합니다.

오늘보다
나은 내일을
살아가고
싶을 때

괜찮다고 ─── ⭐ ─── 말해주고 싶어요

인생레시피

요즘 대한민국에서 가장 열풍을 일으키는 것 중 하나가 바로 먹방인 것 같습니다.

TV에서 연예인들이 맛있는 음식점을 찾아가서 대표 음식을 시식하는 내용부터 직접 요리를 만들어서 다른 사람과 함께 먹는 내용에 이르기까지, 다양한 먹는 방송 프로그램이 있습니다.

　근래에는 일반인들조차도 개인 방송이나 블로그를 통하여 음식점을 방문하여 자신이 먹었던 음식을 소개하거나 혹은 직접 요리하는 방법을 보여주는 것이 하나의 장르처럼 되어버린 것 같습니다. 그래서 자신의 맛집에 지인들을 초대하여 음식을 즐기기도 하고 어떤 경우에는 자신이 직접 요리를 하여 초대한 사람들과 즐거운 시간을 보내기도 합니다. 특히 요리를 잘하는 것이 요즘의 시대적 흐름에서는 크나큰 장점이자 인간적인 매력이기도 합니다. 그러다 보니 요리를 못하거나 서툰 사람들에게 부담감을 줄이고 좀 더 쉽게 요리를 할 수 있도록 도와주기 위하여 밀키트와 같은 손쉽게 요리할 수 있는 제품들도 나와 있습니다.

　물론 밀키트보다 더 쉬운 라면도 있습니다. 아무리 요리를 못 하는 사람일지라도 라면은 스스로 만들어서 먹을 수 있습니다. 물을 붓고 끓이고 면과 수프를 넣고 정해진 시간에 불을 끄고 먹으면 됩니다. 그런데 이런 라면조차도 그 맛이 천차만별입니다. 어떤 사람이 끓인 라면은 너무나도 맛있는 반면 어떤 사람은 그 맛이 평가 이하인 경우도 있습니다.

몇 년 전 대한민국 굴지의 라면회사 연구소에 근무하는 연구원들을 만난 적이 있습니다. 그분들의 역할은 아침부터 퇴근할 때까지 온갖 방법으로 라면을 끓이고 먹고 평가하는 것이 주 업무입니다. 라면 전문가인 연구원들이 하시는 이야기는 라면을 맛있게 끓여서 먹으려면 봉지에 적혀 있는 레시피대로 하면 된다는 것입니다. 그 이유는 수백 번 수천 번의 시행착오와 경우의 수를 통하여 얻은 결론이 바로 라면 레시피라고 합니다. 물론 라면 고유의 맛과는 다른 별미를 내기 위해서는 다른 재료들을 넣어야 하겠지만 그래도 본연의 맛을 즐기려면 라면 레시피대로 조리하여야 합니다.

똑같지는 않지만, 우리 인생도 비슷한 것 같습니다.

누구나 자신이 원하는 것을 이루고 싶고,

행복하게 살고 싶어 합니다.

나름대로 노력은 한다고 하지만,

그렇게 되지 못하는 안타까운 경우도 있습니다.

우리 인생도 라면처럼

간편하게 먹을 수 있는 레시피가 있다면

아마 대부분이 이용하려고 할 겁니다.

특별하거나 화려한 요리는 아니지만,

일상에서 늘 함께하는 음식인

라면 레시피를 통하여 배울 점이 있는 것 같습니다.

첫 번째, 양에 맞추는 노력을 하여야 합니다.

한 개일 때의 물의 양과 두 개일 때의 물의 양이 다르듯이 인생도 자신이 원하는 결과에 따라 시간과 노력하는 양이 달라야 합니다. 하나를 얻는 노력으로 두 가지를 얻으려는 것은 욕심입니다.

두 번째, 참고 기다릴 수 있어야 합니다.

적당량의 물을 부었다고 해서 조리가 다 되는 것은 아닙니다. 물이 끓을 때 라면을 넣어야 하고 레시피에 정해 놓은 시간이 될 때까지 기다려야 합니다. 마찬가지로 인생도 시작과 동시에 바로 결과가 나오는 것을 기대하는 어리석은 행동을 자제해야 합니다. 결과를 위해서는 일정 시간을 참고 인내하는 것이 필요합니다

마지막으로, 감사히 받아들여야 합니다.

감사한 마음으로 먹게 되면 어떤 요리보다 맛있겠지만 보잘것없다고 생각하고 불평불만을 하면 당연히 라면이 맛있을 수가 없습니다. 그렇듯이 인생도 자신이 노력해서 얻은 조그마한 결과라도 감사하게 생각한다면 행복해질 수 있습니다.

이상은 우리가 살면서 가장
저렴하고 간편하게 먹을 수 있는
라면을 통하여 배울 수 있는
행복을 위한 인생 레시피였습니다.

행복을 위한 인생 레시피는

밀키트보다도 더 간편하고 너무도 저렴합니다.

많이들 이용해 보시면 좋겠습니다

당신은 시나리오가 있나요?

 미국의 대공항이 닥쳐진 상황에서 사람들에게 희망을 주었던 운동경기 중 하나가 복싱이었습니다. 매너도 좋고 경기도 아주 흥미롭게 풀어가던 한 복싱선수는 사람들에게 많은

인기를 얻은 덕에 큰돈을 벌게 됩니다. 그날도 경기에서 이기고 대전료를 챙겨서 가족들이 기다리고 있는 가정으로 돌아갑니다. 유명 복싱선수답게 저택에 살며 아이들과 아내가 반갑게 맞이해 줍니다.

샤워를 하고 나서 거실에 있는 초에 불을 붙이려고 하는 순간, 갑자기 어두운 지하실 장면으로 바뀌어 버립니다. 부귀영화를 누리던 유명 복서는 어느 날 갑자기 빈민촌에서 하루하루를 겨우 살아가고 있는 것이었습니다. 집에는 먹을 것도 없고 더 이상 팔 물건도 없습니다. 게다가 아이들까지 병에 걸리고 부인은 애들을 다른 집으로 보내자고 울면서 제안합니다. 모든 상황이 엉망이고 최악입니다.

여기까지가 2시간이 넘는 영화의 20여 분 되는 도입 장면입니다. 이 부분에서 영화를 그만 보고 일어서는 사람은 없을 것입니다.

"왜 그럴까요?"

그 이유는 주인공이 현실의 어려움 앞에서 그대로 주저앉겠다고 생각하는 사람은 없기 때문일 것입니다. 어떻게 전개

될지는 모르겠지만, 주인공이 지금의 힘든 상황을 극복하게 될 것이라고 믿고 또 그렇게 되기를 바라는 마음 때문에 영화를 계속해서 보게 될 것입니다. 때로는 주인공의 어려움에 함께 눈물을 흘리기도 하고 역경을 이겨내는 주인공에게 아낌없는 박수를 보내기도 할 것입니다. 영화를 끝까지 보고 나서는 "정말 감동적이야." 혹은 "너무 재미있어..."라고 다른 사람들에게 이야기할 것입니다.

하지만 이러한 영화나 드라마가 아닌 우리의 현실을 둘러봅시다. '너무 힘들어,' '너무 괴로워,' '불안해,' '막막해'라는 표현으로 조그마한 어려움 속에서도 힘들어하고 좌절하며 심지어는 자기 삶을 포기하려는 우리 사회의 장면들을 뉴스나 인터넷이 아니더라도 주위에서 얼마든지 접할 수 있습니다. 아니 어찌 보면 현재 우리 각자가 경험하고 있는 일일지도 모릅니다.

영화나 드라마에서는 주인공이 난관에 부딪히고 심지어는 최악의 상황까지 가더라도 끝까지 포기하지 않고 관람하면서도, 정작 우리들의 삶에 있어서는 조그마한 어려움이 닥치더라도 불안해 하고 심지어는 직면한 어려움을 포기하고 회피하려는 경향이 있습니다.

"영화를 볼 때와 자신의 현실을 직면할 때의 태도가
다른 이유는 무엇일까요?"
"영화는 나의 삶이 아니고
현실은 자신이 직면한 일이기 때문이라고 생각하시나요?"
아니면 "영화는 가상이고
현실은 현실이기 때문이라고 생각하십니까?"

가장 큰 차이는 바로 시나리오 때문입니다.

영화나 드라마를 볼 때는
주인공이 비록 어렵고 힘든 일을 겪더라도
'잘 될 거야…' 혹은 '극복하고 이겨낼 수 있을 거야'라는
긍정적인 시나리오의 흐름에 대한
생각과 믿음을 갖고 있지만,

정작 우리 자신의 인생에 대해서는
'잘 될 거야…'라는
긍정적인 생각과 믿음이
없기 때문에 불안한 것입니다.

대부분의 사람들은 평이한 내용으로
전개되는 영화나 드라마보다는
극적인 반전으로 이루어진 영화나 드라마를
더 흥미로워하고 재미있어합니다.
이유는 내용 전개가 어떻게 흘러가든지
결말은 주인공이 그것을
잘 극복해 낼 수 있는 시나리오로
영화나 드라마가 구성될 것이라는
긍정적인 생각과 믿음을 갖고 있기 때문입니다.

하지만 이와는 다르게
자신 삶에 대해서는 긍정적인 시나리오를
갖지 못하는 경우가 많습니다.

오히려 삶이 극적인 반전으로 이루어지기보다는
항상 평탄하게 진행되기를 바랍니다.

그러나 영화나 드라마도
반전을 이룰 만한 굴곡이 있듯이,
우리 삶에도 반드시 자신만이 넘어야 할
인생의 굴곡이 있게 마련입니다.
만약 긍정의 시나리오를 갖고
이러한 굴곡을 맞이한다면
자신이 원하는 방향으로
삶을 전개해 나갈 수 있겠지만,
그렇지 못한다면
자신이 원하는 방향과는
다른 삶을 살아가게 됩니다.

현재 상황이 힘들고 괴롭거나
혹은 포기하고 싶어질 정도의 상황이라면,
자신이 원하는 방향에 대한

긍정적인 시나리오를 만드세요.

그리고
자신이 원하는 시나리오에 대한 믿음을 가지고
자신만의 인생을
멋지게 연출해 나가시기를 응원합니다.

그림 잘 그리는 법

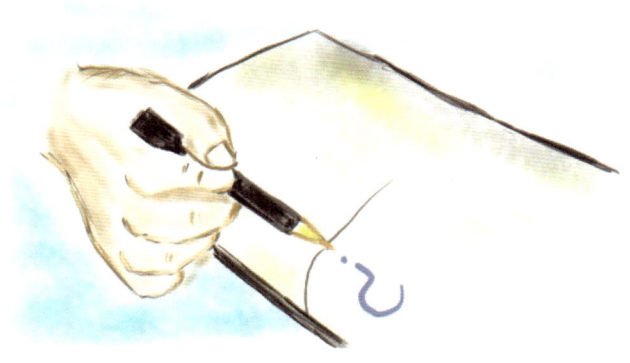

 요즘 주위를 둘러보면 사람들이 다양한 취미생활을 하는 것 같습니다. 그중에서 그림을 그리는 취미가 늘어나고 있는 것 같습니다. 더군다나 디지털 기기의 발전으로 인하여 종이가 아닌 스마트기기만으로도 그림을 간편하게 그리는 경우도 있습니다.

요즘에는 여러 경로를 통하여 그림 잘 그리는 방법에 대한 정보를 얻을 수 있습니다. 물론 전공자들이 올려놓은 정보이기 때문에 체계적이고 전문적입니다. 그런데 이러한 설명에는 공통점이 있습니다.

그것은 바로 곡선과 직선을 조화롭게 배열해 가는 것이 그림으로 나타납니다. 직선만으로는 그림을 그릴 수 없습니다. 그렇다고 곡선만으로도 안 됩니다. 또한 가로나 세로 어느 한 방향으로의 연결만으로 그림이 되는 것도 아닙니다. 오르막과 내리막 직선과 곡선의 교차 들이 그림으로 나타나게 됩니다.

우리 인생도 비슷한 것 같습니다.

행복하거나 즐거울 때도 있고
괴롭고 힘들 때도 있습니다.
즉, 인생이란 행복과 즐거움

그리고 괴로움과 같은

긍정적인 일들과 부정적인 일들의

연속으로 만들어져 가는 것 같습니다.

그래서 우리도

인생이라는 곡선과 직선을 멈추지 않고

열심히 그리다 보면

시간이 지난 후에

멋진 작품이 되어 있을 것입니다.

만약 지금의 생활이 괴롭고 힘이 든다면

그것은 여러분이 자신의

인생 그림을 잘 그려가고 있는 과정 중에

있다는 것을 기억하십시오.

즐거움과 괴로움,

기쁨과 좌절

우리가 겪는 모든 일들은

자신의 인생 그림을 그려가고 있는 과정입니다.
그리고 그러한 과정을 통하여
훌륭한 작품이 될 것입니다.

단, 멈추거나 포기하지 말아야 합니다.

이것이 그림 잘 그리는 방법입니다.

한 걸음만 더

 우리는 살아가면서 소망하고 희망하는 것들이 많습니다. 어떤 사람은 돈을 많이 벌어서 부자가 되고 싶어 하고, 누군가는 좋은 직장과 행복한 결혼생활을 원하는 경우도 있습니

다. 각자의 자리에서 자신만이 처한 사연을 가지고 지금보다 더 나은 미래를 원하고 바랍니다. 각자가 바라는 소망과 희망은 소중합니다.

하지만 그 소중함을 우리는 외면하고 멀리합니다. 이유는 너무 이루기 힘든 일이라고 버겁게만 생각하기 때문입니다.
우리가 알아야 하는 것은 원하고 바라는 소망과 희망이 버거운 것이 아니라 한 걸음부터 내딛는 지혜가 필요합니다.

세상 모든 것들은 한꺼번에 이루어지는 것이 아니라 한 걸음에서부터 시작됩니다. 그러므로 우리가 소망하는 것들도 한 걸음씩 내디딜 때 점점 더 가까이 다가올 것입니다.

힘드신가요?
그러면 한 걸음만 더 내디뎌 보세요.
고통스러우신가요?
그러면 또 한 걸음만 더 나아가보세요.

그렇게 하다 보면
힘들어하는 현재의 고통에서 멀어지게 되고
원하고 바라는 소망과 희망에
가까이 다가갈 수 있을 겁니다.

오늘도 한 걸음만 더...

당신의 의도는 무엇인가요?

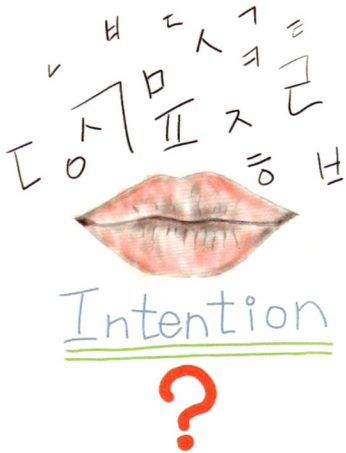

다음 문장을 천천히 읽어 보세요.

"나는 실패하지 않아야겠다."

"아프지 않아야겠다."

"담배 피우지 않아야겠다."

"화내지 않아야겠다."

"싸우지 않아야겠다."

"멍청하게 굴지 않아야겠다."

"잔소리하지 않아야겠다."

"지각하지 않아야겠다."

"수업 시간에 떠들지 않아야겠다."

읽고 나서 어떤 느낌이 드나요? 머릿속으로 어떤 것들이 떠오르나요? 아마도 천천히 그리고 집중해서 읽은 사람들은 그다지 좋은 기분을 느끼지 않았을 겁니다. 그리고 실패, 아픈 것, 담배, 화, 싸우는 것, 멍청한 것, 잔소리, 지각, 떠드는 것 등과 같은 것이 떠오르는 것을 경험하였을 겁니다.

NLP의 창시자인 존 그라인더와 리처드 밴들러는 심리상담을 할 때 부정적이고 저항적인 내담자들을 치료하는데 이러한 원리의 방법을 적용하였습니다.

예를 들어서 자신이 항상 불행하다고 생각하는 사람에게, '절대로 행복하게 살지 마세요.', '행복을 잠시라도 떠올리지 마세요.'라고 지시하게 되면, 내담자는 상담자의 부정적인 말인 '~하지 마세요'에 반응하는 것이 아니라 오히려 '행복'을 떠올리고 생각하게 됩니다.

이처럼 우리가 사용하는 부정문들은 때때로 문장의 의미와는 다르게 사용된 단어 자체만을 떠올리게 하여 그 단어의 이미지를 강화시키는 결과를 만듭니다.
'이번 일은 실패하지 않아야지'라고 생각하는 순간 과거의 실패 경험이 떠오르고, '담배 좀 끊어라!'라는 말을 듣는 순간 담배가 그려집니다.

그런데 우리는 자신과의 대화 혹은
타인과의 대화에 있어서
의도하고 추구하는 방향이 아닌

반대의 결과를 초래하는 표현을 하는 경우가
종종 있습니다.

만약 어떤 사람이
매일 마음속으로 '짜증 내지 말아야지'라고
다짐을 한다고 가정해 볼 때
비록 이 사람이 실제로 짜증을 내지는 않았더라도
이런 다짐을 하며 보낸 시간 속에는
아마도 짜증이 날 만한 상황들이
기억에 많이 남았을 것입니다.

반면에 '즐겁고 기쁘게 해 줘야지!'라고
다짐을 하는 사람이 있다고 가정해봅시다.
그 사람에게는 누군가를 즐겁고 기쁘게 하려고
자신이 했던 일들과
상대방이 즐거워했던 순간이
기억에 많이 남았을 것입니다.

엄마가 자녀에게

'우유를 마실 때 흘리지 마라!' 혹은

'실수하지 마라!'라는 표현을 반복적으로 사용한다면

아이는 아마 우유를 마시는 것이 주저되거나

계속해서 실수하는 기억이 떠올라

그 일에 대한 공포심이 생길 수도 있습니다.

물론 엄마는 자녀에게

공포심을 갖게 하려는 의도가

전혀 없었을 것입니다.

단지 아이의 실수를 줄여보려는 의도에서 한 말인데

그것이 오히려 전혀 다른 결과를 가져온 셈이 됩니다.

그래서 우리는 말을 하기 전에

자신이 그렇게 말하려는 의도와 목적이 무엇인지

먼저 파악해 보아야 합니다.

"당신이 표현하고자 하는 말의 의도는 무엇인가요?"

강아지의 지혜

 산을 넘어가야만 하는 사람이 있었습니다.

 산을 넘어가기 위해서 산 입구에 도착하였지만, 산을 넘어가는 길이 너무도 많았습니다. 어떤 길로 가야 제대로 가는 길인지 혼란스럽고 두려웠습니다. 고민을 하던 중에 산에 대하여 훤히 알고 있다는 강아지가 있다는 소문을 듣고는 길을 나섰습니다.

마침내 만나게 된 강아지에게

"강아지야 내가 지금 이 산을 넘어가야만 해. 그런데 내가 생각했던 것보다 길이 너무 많아서 어떤 길을 선택해야 하는지 혼란스럽고 또 선택한 길이 제대로인지 두렵기도 해, 그래서 너에게 찾아왔어. 좀 알려줄 수 있겠니?"라는 질문에

강아지는

"어떤 길을 가시고 싶은가요?"라고 묻자,

"아니 내가 그것을 알면 너에게 왜 찾아왔겠니? 난 그냥 네가 가라고 하는 길로 갈 거야."라고 하자,

강아지는

"그래요? 그럼 당신 가고 싶은 데로 가세요"라는 말을 남기고 홀연히 사라져버렸습니다.

● ● ● ● ●

원하는 인생을 살려고 하지만

그렇게 살지 못하는 이유를

이야기하시는 분들도 계십니다.

참 안타까운 일입니다.

본인도 원하는 삶을 살고자 하는 욕구는 있지만,

현실이 그렇지 못하다니

마음이 많이 답답하고 힘드실 겁니다.

그래서 그런 분들은

다음과 같은 물음을 생각해 보시면 됩니다.

"할 수 없는 현실을 원망하고 탓하면서

체념하고 살아가시는 것이 본인에게 편안한지,

아니면 조금씩이라도 용기를 내어

한 발짝이라도 원하는 방향으로 나아가는 것이 좋은지.

어느 쪽이 편하신가요?

편한 쪽을 선택하세요."

책임감이라는 말이 있습니다.

영어로 Responsibility(Response + Ability)입니다.
즉, 주어진 상황에 대한 반응하는 능력이
책임감입니다.
어린아이들에게는 어떤 행동을 하더라도
책임감을 묻지 않습니다.
왜냐하면 주어진 상황에 대한 반응이
아직 성숙되지 않았기 때문입니다.
하지만 어느 정도의 나이가 되면
책임감을 묻게 됩니다.

**성인이 되어도 책임감을 지지 않는 사람을
심리학에서는 '미성숙'된 사람이라고 합니다.**

나이가 들었다고 성숙한 어른이 아닙니다.
학력이나 학벌이 좋다고
성숙한 사람이 아닙니다.
나이가 이제 갓 20살이 넘은 청년도
70이 넘은 사람보다

훨씬 성숙한 사람도 있습니다.

배움이 짧은 사람이

명문대학을 졸업한 사람보다도

성숙한 사람이 있습니다.

결국 사람의 성숙이란,

나이도 아니고 학력이나 학벌이 아닌

자기 삶에 책임감을 가진 당당한 사람입니다.

긍정적으로 살고 싶은데

현실이 그렇지 못해서

체념하고 원망하면서

지금 그 자리에 머물고 싶으신가요?

그렇다면 그렇게 하시면 됩니다.

비록 현실이

힘들고. 고통스럽고. 두렵지만,

조금이라도 용기를 내서

앞으로 나아가고 싶으신가요?

그렇다면 그렇게 하시면 됩니다.

중요한 것은 어떠한 것을 선택하든

우리 자신이 거기에 대한 책임을 지면 되는 것입니다.

가고 싶은 데로 가라고 알려준 강아지의 말은

인생을 마음대로 하라는 것이 아니라,

어떤 것을 하든 간에

책임감을 스스로 느껴야 한다는

깊은 뜻이 있는 것 같습니다.

열심히 살지 마세요.

 열심히 일하는 것을 비유해서 개미처럼 일한다고 합니다. 그리고 개미처럼 부지런하게 일을 하는 것이 중요하다고 생각할 때가 있습니다. 오죽했으면 개미와 배짱이라는 동화에서도 개미처럼 열심히 살아야 한다는 것을 강조합니다.

　우리는 참 열심히 살아갑니다. 날씨가 좋은 날 갑자기 어디론가 떠나가고 싶은 마음이 들기도 하고, 아침에 일어날 때 5분만 더 잤으면 좋겠다는 마음도 들기도 합니다. 하지만 직장에 얽매여서 혹은 가정에 육아에 얽매여서 그렇게 하지 못합니다. 심지어는 경제활동을 하는 사람들은 아침 7시와 8시 사이에 집을 나서서 10시간 아니, 그 이상의 시간이 지난 저녁 6시나 7시경에 돌아옵니다. 가족들과 얼굴 보는 시간은 몇 시간이 되는지 그리고 대화하는 시간도 그렇게 많지 않습니다. 평상시에 대화하는 내용들을 유심히 살펴보면 '밥 먹었어?' 혹은 '숙제는?' 직장에서는 '보고서 어떻게 되었어?', '점심 먹으러 가자'와 같은 대부분 비슷한 내용을 반복적으로 합니다. 이러한 대화를 기계적 의사소통이라고 합니다. 이러한 표현은 대부분 의식을 가지고 하는 것이 아니라, 무의식적으로 하는 말들입니다.

　원래 대화라고 하는 것은 만나서 함께 시간을 보낸 사람의

'얼굴', '표정', 그리고 '말투'와 같은 것들이 기억나야 하고 그 당시의 상대방이 느끼고 있는 감정이 느껴져야 합니다.

  이처럼 상대방의 감정이 느껴지는 것을 관심이라고 합니다. 마치 영화나 드라마를 보고 나면 주인공의 표정이 눈빛이 그리고 말투와 대사가 기억이 나듯이 사람의 만남도 그렇게 되어야 합니다. 아무리 유명한 영화를 두 시간 동안 보았다고 하더라도 주인공의 모습이나 대사가 기억나지 않는다면, 그것은 영화를 본 것이 아닙니다. 사람도 함께 시간을 보냈다고 하더라도 상대방의 표정이나 눈빛이 그리고 말투와 음색이 기억나지 않는 것은 사람을 만난 것이 아닙니다.

  주변에 있는 가족이나 직장 동료 혹은 이성 친구를 만났는데도 상대방에 대한 표정이나 눈빛 그리고 말투와 음색이 기억나지 않는 현상을 권태라고 합니다. 권태는 상대방을 미워하는 것이 아닙니다. 권태는 상대방이라는 존재가 더 이상 나에게 의미가 없게 느껴지는 상태입니다. 우리는 눈을 뜨고 살아가고 귀를 열고 생활합니다. 하루 동안 수많은 사람이 우리 곁을 지나가지만, 그 사람들이 기억나지 않는 것은 그들은 우리에게 의미가 없는 존재이기 때문입니다. 이러한 관계를 스침의 관계라고 합니다. 스침의 관계를 하면 할수록 무기력하고 우울해집니다. 가족들이 있는데도 그리고 직장생활을 하면서 사람을 만나는 데에도 불구하고 무기력하고 우울하다는 것은 스침의 관계를 하기 때문입니다. 그래서 우리가 무기력하지 않기 위해서 끊어야 하는 것이 있습니다.

그것은 바로 열심히 사는 것을 끊고 살아야 합니다.
인생은 열심히 사는 것이 아니라 잘 살아야 합니다.

잘산다는 의미는,
자신이 지향하는 목적대로 살아가는 것이
잘 사는 것입니다.
달리는 속도보다 더 중요한 것이
바로 방향입니다.
속도가 더디어도 방향이 맞는다면
언젠가는 목적지에 도달합니다.

**하지만 속도가 아무리 빨라도 방향이 없다면
목적지에 도달할수 없습니다.**

그렇다면 '왜 우리는 잘 살아야 하는가에' 대한
질문에 답하여야 합니다.
그것은 바로 시작이 있으면
끝이 있기 때문입니다.

우리는 지금 함께하는 사랑하는 사람들과
언젠가는 헤어져야 합니다.
그리고 모든 사람은 각자의 자리에서
지금 하는 일들을 언젠가는 그만두어야 합니다.
그렇기 때문에 지금 함께하는 이 순간이
소중한 것입니다.

우리는 열심히 살다 보면
순간의 소중함과 감사함을 간과하게 되는데,
그 이유는 지금 이 순간이

마치 영원할 것으로 생각하기 때문입니다.

영원한 것은 없습니다.
오늘 아침에 만난 우리의 사랑스러운 가족은
어제의 가족과 다른 가족입니다.
어제 저녁 퇴근 무렵에 만난 직장동료들은
오늘 만날 동료와 다른 동료들입니다.
어제와의 차이점을 오늘 발견하여야 합니다.
그것이 바로 관심입니다.
화초도 관심을 주어야 잘 자라는데
하물며 사람이라는 존재는
더 많은 관심을 주어야 합니다.

지금은 지나갑니다.
끝은 분명히 있습니다.

그래서 함께하는 사람들에게
더 많은 관심을 주는 것이 필요합니다.

고개를 돌리고 귀를 기울여서

함께하는 사람들에게

좀 더 많은 관심을 주었으면 좋겠습니다.

그것이 바로 잘 살아가는 것입니다.

삶은 열심히 살 것이 아니라

잘 살아야 합니다.

열심히 살지 마세요.

잘 사세요.

Magic Word

우리의 일상은 습관에 의해서 이루어집니다.

습관이라는 것은 의식이 아니라 무의식이 관장합니다. 일어나서 먹고 학교나 회사에 가는 대부분의 일상은 무의식적인 습관에 의한 것입니다. 즉, 습관을 변화시키지 않으면 우리의 삶은 어제와 오늘도 비슷하게 이루어집니다.

 습관을 변화시키는 과정은 의식적인 행동을 하여야 하고 이러한 의식적 행동은 우리의 생각에서 시작됩니다. 즉, 습관을 바꾸는 출발점이 바로 생각입니다.

사람의 생각은 우리가 사용하는 언어로 구성됩니다.

좋은 말을 할 때와
그렇지 않은 말을 할 때
우리의 행동이 다르게 나타납니다.
그리고 그렇게 반복되어 사용하는
말과 행동으로 형성된 습관은
우리의 현실을 만들어냅니다.

그런데 우리가 사용하는 말의 표현 중에
결과를 설명하는 말이 있습니다.
바로 '덕분에'와 '때문에'입니다.

'덕분에'라고 표현을 할 때는

현재의 결과에 대하여

감사의 의미로 사용하는 것이지만,

'때문에'라는 표현은

지금의 결과를

부정적인 의미로 해석하는 것으로 사용하게 됩니다.

현재의 결과를

감사하게 받아들일 때는

미래가 희망적으로 펼쳐지지만

그렇지 않고 현재의 결과를

부정적으로 해석하게 되면

미래가 실망스럽고 절망적으로 다가옵니다.

여러분은 어떤 내일과 미래를 원하십니까?

만약 여러분의 미래를 바꾸고 싶다면

그 미래를 희망적으로 만들어 줄

'덕분에'라는 매직 워드를 일상에서 사용하시면 됩니다.

'부모님 덕분에',

'배우자 덕분에',

'자녀 덕분에',

'동료 덕분에',

'친구 덕분에',라는 매직 워드를 사용해 보세요.

저는 여러분 덕분에 즐겁고 행복합니다.

여러분 덕분입니다.

페이스메이커

날씨가 좋아지면 많이 하는 행사 중의 하나가 바로 마라톤입니다. 대부분의 사람들이 저마다의 목적과 목표를 가지고 참여하는 행사이기 때문에 다양한 이벤트가 펼쳐집니다.

마라톤을 떠올리면 생각나는 것이 있습니다. 흔히 인생

을 마라톤이라고 비유하는 것입니다. 기록 경기를 하는 것이 마라톤이지만, 완주를 하는 것 자체가 힘든 일입니다. 특히 42.195킬로미터를 묵묵히 달린다는 것 자체만으로도 대단한 일입니다. 그래서 많은 사람이 인생과 마라톤을 비슷하다고 비유하는 것 같습니다.

그러나 이러한 마라톤을 완주하는 데에는 여러 가지 필요한 것들이 있겠지만, 그중에서도 중요한 것이 페이스메이커의 도움이 크다고 합니다. 일반적으로 사람들이 페이스메이커를 이해하는 것이 단순히 마라톤을 준비하는 선수와 함께 달리고 연습하는 것으로만 이해하는 경우가 있지만, 실상은 그것보다 더 큰 의미가 숨겨져 있다고 합니다.

마라톤을 훈련하는 동안 심장이 터질 것 같고 다리의 근육은 굳어져서 더 이상 한 발짝도 내디디기 힘든 고통 속에서도 멈추지 않고 달릴 수 있는 것은 그러한 고통을 바로 페이스메이커가 곁에서 이해하고 격려해주기 때문입니다. 인간의 한계를 느끼는, 그것도 혼자 고스란히 감수해야 하는 그 고통의 순간, 모든 것을 포기하고 주저앉고 싶은 그 순간에도 누군가가 자신을 이해하고 격려해 준다는 것 자체만으로 초인적인 힘을 내고 목표를 향해서 달려갈 수 있게 만듭니다.

우리는 인생을 살아가면서 수많은 고통을 경험합니다.

하지만 그러한 고통 속에 주저앉지 않고
계속 정진해 나갈 수 있는 것은
저마다의 페이스메이커가 있기 때문일 것입니다.

그러한 자신만의 인생의 고통을
진정으로 이해해주고 지지해 주는
인생의 페이스메이커가
부모님이 될 수도 있고,
배우자가 될 수도 있고
혹은 스승이나 친구가 될 수도 있습니다.

이처럼 사람은 극한의 고통도

누군가의 이해와 지지만 있으면

견디어 내는 기적 같은 힘을 발현합니다.

여기서 중요한 점은

우리는 누군가로부터

도움받고 살기를 원하지만,

살아가면서 누군가에게

도움을 주는 사람으로 살아가는 것에 관한 생각은

상대적으로 덜 하는 것 같습니다.

그래서 도움을 받지 못하는 자신의 상황에 대해서는

낙담하고 섭섭해하면서도

자신이 도움을 주지 않는 상황에 대해서는

별다른 생각이 없거나

혹은 그렇지 못한 상황에 대한 변명을 합니다.

인생이라는 여정에서

고통과 어려움은 직면해야만 합니다.

그렇기 때문에 페이스메이커가 필요합니다.

우리 자신에게도 필요하듯이,

이제는 주변 사람들에게

힘든 시기를 함께

공감해주고 지지해주는

페이스메이커가 되었으면 합니다.

그래서 힘든 마라톤과 같은 인생의 여정을

행복하게 만들어 갔으면 좋겠습니다.

내 안에
잠든 능력을
깨우고
싶을 때

괜찮다고 말해주고 싶어요

스마트 라이프

꽃들과 초록이 가득한 화창한 날 사랑하는 사람들과 나들이를 갈 때 필수적으로 하는 행동 중 하나가 사진 촬영입니다. 함께 한 날의 소중한 추억을 담기 위한 마음일 겁니다.

카메라가 없던 시절에는 공원에 있는 사진촬영사에게 돈을 주고서라도 사진을 찍고, 훗날 어렵게 구한 필름 카메라는 그날의 촬영한 흔적의 결과물을 기다리는데 현상이라는 일정 시간을 기다려야만 했습니다.

  하지만 지금은 스마트폰 하나로 모든 것이 해결됩니다. 찍은 사진과 동영상을 그 자리에서 확인하고 편집할 수 있게 되었으니 이전의 관점에서는 상상도 하기 어려운 일입니다.
  비단 카메라 기능뿐만이 아닙니다. 밤늦은 추운 겨울날 택시를 잡으려고 요금의 두 배 세 배를 외치며 기다리던 것을 해결하기 위하여 콜택시라는 것이 편리함을 더했지만, 지금은 그러한 개념과는 전혀 다르게 스마트폰 앱에서 택시를 부르고 도착시간과 택시의 동선을 확인하여 승차하는 시대에 살고 있습니다. 돈을 송금하고 받기 위해 이용하였던 은행이라는 장소는 이미 스마트폰 속으로 들어왔고, 심지어는 동네 분식집에서 떡볶이를 먹고 스마트폰으로 결제하는 시대입니다. 전자기기라는 것이 젊은 사람들만의 전유물처럼 여겼던 것도 이제는 노년층들도 스마트폰으로 동영상을 즐기고

SNS를 하는 시대입니다.

  이러한 스마트폰이 다른 전자제품과 다른 점은 사용설명서가 없다는 겁니다. 그래서 스마트폰은 사용하는 사람에 따라 그 기능이 무궁무진합니다. 기존의 전자제품은 정해진 설명서대로 하다 보니 사용하는 사람이 누구든 간에 비슷한 기능만 사용하는 제한적인 면이 있지만, 지금은 스마트폰 하나로 영화를 만들기도 하고, 유튜버나 블로그 혹은 SNS를 통하여 엄청난 구독과 광고로 큰 수입을 얻거나 그렇게 하는 것이 직업이 된 사람들이 있는 반면 그저 전화 통화를 하거나 문자를 주고받는 정도로 사용하는 사람도 있습니다. 어떤 것이 옳고 바람직하다는 것이 아니라, 엄청난 잠재 능력이 우리가 일상에서 사용하는 스마트폰 안에 있다는 것입니다. 단지 그것을 어떻게 찾아내고 활용할 것인가 하는 것은 사용자 자신의 의지와 노력으로 결정됩니다.

우리들의 인생도 비슷한 것 같습니다.

이미 우리들 안에

모든 것을 할 수 있는 무한한 능력이 있습니다.

중요한 것은 그것을 어떻게 발견하고 계발할 것인가 하는

문제는 개개인의 믿음과 노력에 따라 달라집니다.

스마트폰이라는 하드웨어 보다도

그 하드웨어의 정확한 특성과 장점에 대한

정보와 이해를 바탕으로

자신이 사용하고자 하는 용도에 맞는 앱이라는

소프트웨어를 선택하고,

거기에 관한 공부와 노력을 통하여 활용하는 것처럼,

우리도 자신이라는 하드웨어에 대한

성찰과 이해를 통하여

자신이 추구하려는 삶에 맞는 일이라는

소프트웨어를 선택하여

공부하고 노력할 때 자신을

더 스마트 하게 만들어 갈 수 있을 것입니다.

하드웨어라는 우리 자신 속에는

이미 많은 것이 있습니다.

단지 그것을

'어떻게 활용할 것인가' 하는 것은

우리 자신에게 달린 것 같습니다.

자신을 들여다보고

우리 안에 있는 것을

어떻게 활용하면 좋을지

차분히 성찰해보는 시간을 가졌으면 합니다.

참, 스마트폰의 역사를 일구어낸

스티브 잡스도 명상을 통하여

자신의 내면을 성찰하는 시간을 가졌다고 합니다.

여러분들도 내면의 성찰을 통하여

스마트한 인생을 만들어 가길 바랍니다.

울림이 되어

 좋은 말을 들으면 기분이 좋습니다. 어떤 말은 감동으로 다가와서 온몸에 전율이 느껴질 때도 있습니다. 어떤 소리와 음악을 들으면 마음이 평화롭고 차분해집니다. 이처럼 울림은 우리의 일상에서 영향을 주기도 하고 받기도 합니다.

   울림에 관해 이야기를 하나 하도록 하겠습니다.
   길가에서 오고 가는 사람들에게 바이올린 소리를 들려주고 생활을 하는 거리의 악사가 있었습니다. 자신만큼 늙고 볼품없는 낡은 바이올린을 들고 그날도 변함없이 거리에서 바이올린을 연주하였습니다. 그날따라 오고 가는 수많은 사람은 거리의 악사가 열심히 연주하는 바이올린 소리에 귀 기울이지 않고 스쳐 지나갔습니다. 거리의 악사 앞에 놓인 모자에는 동전 한 잎도 없이 텅 빈 채로 덩그러니 있었습니다.

   거리의 악사는 잠시 연주를 멈추고 자신의 신세를 한탄하듯 바이올린을 탓하였습니다.
   "이 바이올린은 이제 너무 낡을 대로 낡아서 더 이상 소리를 낼 수가 없구나." 그렇게 실의에 빠져 있는 거리의 악사에게 어떤 신사가 다가와서는 바이올린을 잠시 연주해 보고 싶다고 요청하였습니다. 의아스럽기도 하였지만, 거리의 악사는 자신의 바이올린을 신사에게 건네주었습니다.

잠시 후 신사에게 넘겨준 자신의 낡고 볼품없는 바이올린에서 너무도 맑고 아름다운 울림이 퍼져나갔습니다. 이에 지나가던 사람들이 하나둘 모이기 시작하더니 어느새 관중이 되어서 그 신사의 바이올린 연주에 감동하기 시작하였습니다. 감동을 한 관중들의 주머니에서 나온 지폐는 거리의 악사 앞에 놓인 텅 빈 모자를 채우고도 넘쳐났습니다. 거리를 메운 관중들을 통제하려던 경찰들마저도 감동하면서 함께 감상하고 있었습니다. 그리고 잠시 후 연주를 마치고 돌아서서 가는 신사의 뒷모습을 보고 청중의 한 사람이 크게 외칩니다. "파가니니다!"

이 내용은 세계적으로 유명한 바이올린 연주자인 니콜로 파가니니(Niccolò Paganini)의 일화입니다.

● ● ● ● ●

'서투른 목수가 연장 탓한다'라는 속담이 있습니다.

자신의 능력에 대한 부족을
인정하거나 반성하지 않고
그 결과를 다른 것으로 변명한다는 의미입니다.
우리는 이러한 내용을 통하여
자신의 삶을 성찰하여야 할 필요가 있다고 생각합니다.

'운동을 하려고 해도 헬스장 갈 시간이 없어서 하기 어렵다.'
'가족들에게 잘해주고 싶은데 시간이 없어서 못 해준다.'

마치 자신도
뭔가를 잘할 수 있는 마음을 가지고 있고
조건만 갖추어지면 얼마든지 잘할 수 있는 존재인데,
주변의 조건과 환경이 맞지 않아서
행동으로 옮기지 못한다고 이야기하는 경우가 있습니다.

하지만 울림이란,

주어진 상황이나 환경에 의해서 일어나는 것이 아니라
자신으로부터 일어나는 것이 울림입니다.
마치 낡고 볼품없는 바이올린이지만,
어떤 사람이 연주하는가에 따라서
그 울림이 달라지듯이,
비슷한 상황이나 환경도
결국은 자신의 울림에 따라서
다르게 나타납니다.

세상을 향한 자신의 울림을 보내려면
자신을 바꾸지 않는 한 어떤 것도 달라지지 않습니다.
자신의 울림이 세상에 바르게 전달이 될 때
감동으로 나타납니다.

저의 울림이 여러분들에게 감동으로 다가갔으면 합니다.

비밀

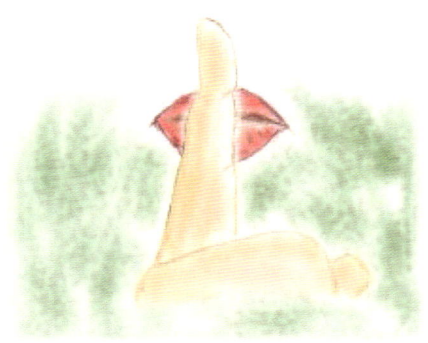

 살아가면서 지금보다 더 나은 내일을 위하여 사람들은 목표를 세웁니다. 자신이 세웠던 목표를 향하여 꾸준하게 나아가는 사람도 있겠지만, 어떤 사람들은 원하는 목표를 향한 실행이 생각만큼 되지 않는 경우도 있을 겁니다. 원하는 목표가 너무 원대해서 그럴 수도 있고, 아니면 그 목표를 향해 나아가는데 여러 가지 방해되는 요소가 많기 때문일 수도 있습니다.

원하는 목표가 너무 원대하다 보면 비현실적이고 허황된 것 같아서 그러한 꿈을 꾸는 자신이 초라하게 느껴질 수도 있습니다. 그래서 씁쓸하지만 그 꿈을 스스로 접어버리기도 합니다.

또한 자신이 원하는 목표를 이루고 싶은 마음은 있지만 경제적, 시간적 그리고 주변의 여건과 같은 상황적인 문제들 때문에 힘들어하거나 포기하려고 하는 때도 있습니다. 자신이 원하는 목표와 꿈을 접어두고 돌아서면 마음이 울적할 것입니다.

이러한 꿈을 접고 목표를 포기하는 것은 내일에 대한 기다림은 없고, 후회와 원망으로 가득한 어제와, 절망으로 둘러싼 오늘에 서 있게 될 것입니다. 그래서인지 요즘 주변에 원하는 꿈을 실현할 수 있는 방법을 알려준다고 하는 광고가 많습니다.

'자신만의 책을 쓰고 출간하는 방법',
'강사가 되는 방법',
'돈 버는 방법',
'좋은 대학에 가는 방법',
'취업에 성공하는 방법',
'파워 블로거가 되는 방법',

　사람들이 간절히 원하는 꿈과 목표를 이루는 방법을 알려 준다고 하니 반가운 마음에 문의하지만 돈 때문에 망설이는 분들도 있을 것이고, 막상 큰마음을 먹고 돈을 지불하고 그 방법을 배우고 실천하고 있지만 원하는 목표와 꿈을 실현하는 것이 만만하지 않아서 중단하는 경우도 있을 겁니다.

오늘은 여러분들의 원하는 목표와 꿈을
현실이 되게 만드는 비밀을 알려드리고자 합니다.
그 목표와 꿈이 무엇이든 상관없습니다.
그 비밀은 '할 수 있는 것부터 하는 것'입니다.

여러분들이 원하시는

목표와 꿈이 무엇인지는 모르겠지만,

지금 이 순간 여러분이

할 수 있는 것을 찾아서 하시면 됩니다.

지금 당장 할 수 없는 것은 어쩔 수 없습니다.

할 수 없는 것을 하려고 애쓰다 보니 지치게 되고

그런 자신이 초라해지고 힘들어지게 됩니다.

하지만

할 수 있는 것을 찾아보세요.

행복해지고 싶다면

지금 스스로 웃어보고,

당당해지고 싶다면

어깨를 펴보세요.

만약 몸이 아파서 병상에 누워 있다면

머릿속으로 상상이라도 해보세요.

사람들은 건강해지기 위해서는

운동을 해야 한다고 누구나 이야기합니다.

그리고 운동을 하기 위해서는

헬스장도 가야하고

또 트레이너의 도움을 받는 것이 좋다고 생각합니다.

이런 생각을 하다 보면

헬스장을 다녀야하는

시간적 그리고 경제적 부담 때문에

할 수 없는 이유를 찾아내어서

운동하고자 하는 목표를 스스로 접어 둡니다.

하지만

할 수 있는 것이 있습니다.

지금 당장 나가서 10분이라도 산책하십시오.

여러 가지 이유로

헬스장에서 하는 운동을 포기하는 것보다

점심 먹고 동네 근처를

10분간이라도 산책하는 것이

훨씬 위대한 일입니다.

위대한 일은 큰일을 하는 것이 아니라
할 수 있는 것부터 차근차근해 나갈 때 위대해집니다.

여러분이 원하는
꿈과 목표는 소중하고 위대합니다.
그 소중하고 위대한 꿈과 목표를 두고
할 수 없는 것을 찾을 것이 아니라,
지금 당장 할 수 있는 것부터 해 나가세요.

할 수 있는 것부터 해 나가는 것이
꿈을 이루는 비밀입니다.

여러분들의 꿈과 목표를 응원합니다.

마음의 근력

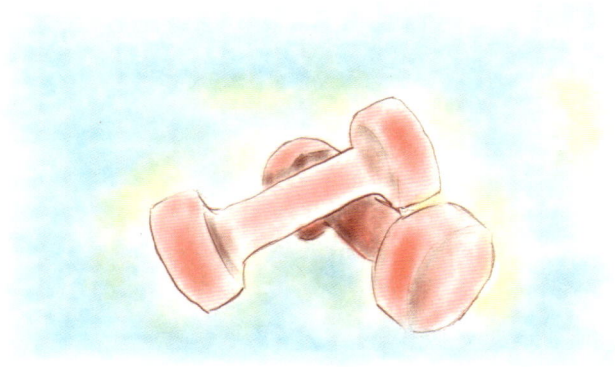

삶이란 오래 사는 것도 중요하지만 건강하게 살아야 합니다. 건강을 위해서 필수적인 것이 먹는 것입니다.

그리고 건강하게 살기 위해 또 필요한 것이 바로 근력입니다. 근력은 단순히 물건을 드는 힘을 넘어서 뼈를 지탱하고 골다공증을 예방하는데 필요하다고 합니다. 또한 혈액 안에 좋은 콜레스테롤이 늘어서 뇌경색도 예방하고 감기나 기관지염에도 도움이 된다고 하니 근력이라는 것은 건강하게 살아가는 데 필수적인 것 같습니다.

근력을 늘이고 근육량을 지키는 방법으로 가장 중요한 것이 바로 규칙적인 운동입니다. 그런데 근육을 키워가는 과정에서는 반드시 통증을 수반해야만 합니다. 이러한 통증을 참고 견디는 힘이 바로 근력이 됩니다. 만약 통증이 두려워서 운동하지 않으면 통증을 겪는 고통은 없겠지만 건강하게 살아가는 근력도 얻을 수 없게 됩니다. 즉, 건강하게 살고 싶다면 통증을 참고 견딜 수 있는 근력이 필요합니다.

우리 마음도 비슷한 것 같습니다.

자신이 하는 일에 있어서
성공하고 싶고,

생활이 행복해지고 싶고,

삶을 평온하게 살고 싶어 합니다.

하지만 살면서 이러한 바람과는 다르게

일이 잘 안되어가고,

생활이 불행해지는 것 같고,

삶은 늘 불안한 것 같습니다.

이러한 것을 지켜주고 이겨내는

마음의 근력이 필요합니다.

이러한 마음의 근력이

바로 열정입니다.

열정은 모든 것을 이루어 내는 근간이 됩니다.

성공도 열정이 필요하고,

사랑도 열정이 필요하고,

행복도 즐거움도

우리가 소망하는 모든 것들은

전부 열정이 바탕이 되어야 가능합니다.

열정이 없으면 지나온 과거가

후회와 원망으로 남게 됩니다.

열정이 없으면 다가올 미래가

두려움과 불안으로 가득하게 됩니다.

근력이 없으면 뼈를 지탱하지 못하여

일어서기 힘들게 되듯이,

열정이 없으면 직면한 현실에 주저앉게 됩니다.

열정은 지나온 시간을 추억으로 만들며,

다가올 미래를 희망으로 만드는 힘이 있습니다.

열정은 태산 같은 어려움과

도저히 헤어나오지 못할 것 같은

현실의 어려움을 박차고

당당하게 맞서서 마침내 이겨내는

기적 같은 힘을 가지고 있습니다.

열정이 식으면 우리 인생도 얼어버립니다.

만약 지금 자신의 현실이

과거나 미래 그리고 현실 속에서

어려움이나 두려움 때문에 주저앉고 얼어 있다면

마음속에 있는 열정을 꺼내어서

얼어버린 어려움이나 두려움을 녹여보세요.

근력은 한꺼번에 키우는 것이 아니라

규칙적으로 꾸준하게 해 나갈 때 얻게 되는 것처럼,

열정도 조금씩 꾸준하게 만들어 나가면 됩니다.

마음의 근력인 열정을 꾸준하게 단련시켜서

모두가 건강하게 살았으면 좋겠습니다.

의미

　잎이 옥수수를 비슷하게 닮아서 'Corn Plant'라는 이름으로 불리기도 하는 행운목은 매년 꽃이 피는 것이 아니기 때문에 꽃이 피는것을 행운으로 생각해서 행운목이라고 부른

다고 합니다.

 행운목을 서재에 들인지 몇일지 되지 않았지만, 함께 하기 때문에 가만히 지켜보고 관심을 가지게 됩니다. 그렇게 되는 이유는 무엇보다도 조그마한 행운목에 의미를 두었기 때문입니다. 의미를 두는 순간 눈에 들어오고 관심을 가지고 가꾸려는 마음이 생깁니다.

우리 삶도 비슷한 것 같습니다.

사람에게나 혹은 자신이 하는 일에
긍정적인 의미를 둘 때
그 대상이 눈에 들어오고
애정과 관심이 생기게 됩니다.

인본주의 심리학자 프랭클(Victor E. Frankle)은
"우리가 하는 어떤 일이나 행동은 능력이 전부가 아니다.
능력은 의미 있는 삶을 위한 필요충분조건이 아니다.

어떤 사람들은 일을 할 수 있어도

의미 있는 삶을 살지 못할 수 있고,

일을 할 수 없는 사람일지라도

자기 삶에 의미를 부여할 수 있다"라고 하였습니다.

즉, 무슨 일을 하느냐 하는 것보다,

어떠한 의미를 가지고 그 일을 하며

또한 그러한 일을 통하여

어떤 의미를 갖느냐가 더 중요한 것입니다.

사람과 사람 사이에는 존재라는 물결이 흘러갑니다.

우리는 모두 직관적입니다.

우리는 주위 사람들로부터

흘러 들어오는 자신에 대한 존재의 물결을 느끼며,

그러한 물결의 느낌을 통하여

자신의 일이나 행위에 대한 의미를 갖게 됩니다.

사회적으로 아무리 큰일을 하고 열심히 하여도

가정에서 흘러 들어오는 존재의 물결이

부정적이거나 혹은 무관심 하다면

자신의 삶이 아무런 의미가 없게 될 것입니다.

살아가면서 받게 되는 상처는

멀리 있는 사람이 아닌

가까운 사람들에게 받습니다.

마찬가지로 보람과 행복 역시

가까운 사람에게서 옵니다.

어떻게 보면 우리의 행복과 불행을 가늠하는 척도는

가까운 사람과의 관계에서 시작됩니다.

사회적으로 성공하였다고 하는 사람들조차도

가족으로부터

부정적인 존재 혹은 무관심한 대상의

의미로 되어 버리는 순간

사회의 성공과는 다르게 불행해지고

극단의 선택을 하는 경우도 있습니다.

여러분이 가장 소중히 하고 아끼는 물건을 보시면
거기에 긍정적인 의미를 두었기 때문에
소중하고 가치 있는 것입니다.

**가치가 있기 때문에 소중히 여기고 아끼는 것이 아니라
의미를 부여한 순간 가치 있게 되는 것입니다.**

'내가 그의 이름을 불러 주기 전에는
그는 하나의 몸짓에 지나지 않았다.'
'내가 그의 이름을 불러 주었을 때
그는 나에게로 와서 꽃이 되었다.'
라는 김춘수 님의 꽃이 생각납니다.

**여러분 주변 가까운 사람에게
긍정적인 의미를 부여해 보세요.
그 사람은 어느새 아름다운 꽃이 되어
여러분 곁으로 다가올 것입니다.**

중력을 이기는 힘

 중력과 싸우는 사람들이 있습니다. 바로 로켓 연구가들입니다. 굳이 자연의 법칙인 중력을 거슬러서 싸워야 하는 이유는 지구에서 우주로 나아가기 위한 도구가 바로 로켓이기 때문입니다. 로켓이 중력을 이겨내고 우주로 나아가기 위해서는 어마어마한 힘이 필요하다고 합니다. 일부 국가들 특히 선진국을 중심으로 '지구의 미래는 우주에 있다'라는 생각을 가지고 로켓개발에 많은 투자와 연구를 하고 있습니다.

하지만 중력을 이겨내는 로켓 연구와는 달리 우리의 일상은 태어나서 삶을 마칠 때까지 중력에 의해서 살아가고 있습니다. 즉, 지구가 물체를 당기는 중력 덕분에 우리는 서 있을 수 있고, 요리도 하고 운동도 할 수 있습니다. 또한 안타까운 일이지만, 중력 때문에 나이가 들면서 피부가 처지게 되고 심지어는 키도 줄어들게 됩니다.

그리고 우리들의 부정적인 감정들도 대부분 중력의 영향을 크게 받는 것 같습니다. '주저앉고 싶다', '땅이 꺼진 것 같다', '몸이 처진다.' 등과 같은 일상의 표현들은 부정적인 정서적 경험을 할 때 많이 사용하는 표현입니다. 게다가 부정적인 감정을 느낄 때 입꼬리가 아래로 향하게 되고, 그렇게 오랫동안 부정적인 감정으로 살아온 사람들의 표정은 단번에 구별이 됩니다. 생활이 지치고 힘이 들면 눈 아래가 처지고 소위 눈 그늘이라는 것이 생기고 피부도 처지게 됩니다.
부정적인 것들은 모든 것이 아래로 향하게 됩니다.

하지만 긍정적인 감정은 다른 것 같습니다.

'날아갈 것 같아',
'몸이 붕~~ 뜨는것처럼 가볍다',
'구름 위를 걷는 기분이다'라는 표현을 사용합니다.
중력과는 전혀 다른 방향으로
움직이는 표현입니다.
또한 입꼬리도 위로 향하게 되고
오랫동안 부정적인 감정을 가진 사람보다도
상대적으로 혈색이나 표정이 밝습니다.
이처럼 어떠한 상황에서도
긍정적인 마음을 가지려는 의지가
바로 중력을 이기는 힘인 것 같습니다.
살아가면서 긍정적인 감정을 갖는다는 것은
쉽지 않은 일입니다.

왜냐하면 중력과

반대 방향이기 때문이라고 생각합니다.

그러나 긍정적인 감정을 찾으려는 의지를 갖는다면,

중력을 이겨서 얻게 되는

또 다른 즐거움이 생길 것입니다.

우울하고 심란한 감정이 들면

자신도 모르게 고개가 땅으로 향합니다.

그럴 때일수록 하늘을 봅시다.

어마한 중력을 이겨내고

새로운 희망을 찾아서

저 하늘 높이 날아가는 로켓처럼,

자신의 꿈을 향한 의지가

내일이라는 희망으로

더 가까이 갈 수 있는 힘의 원동력입니다.

중력을 이기는 힘,

그것은 바로 우리의 의지입니다.

언어의 메뉴

　사랑하는 가족과 그리고 소중한 사람들과 가장 많이 하는 것이 아마도 맛있는 식사가 아닐까 싶습니다. 식사 메뉴를 선택할 때 우선 맛있어야 하며 또한 건강에 도움이 되는 음식을 선택할 것입니다. 사랑하는 가족과 소중한 사람들이기에 맞있다고 하여 무조건 선택하는 것은 아닙니다. 맛있기는 하지만 건강에 해로운 음식은 선택하지 않을 겁니다. 맛있고 건강에 좋은 음식을 먹으면서 행복을 함께 나눌 것입니다.

 이처럼 건강과 맛을 위하여 음식의 메뉴를 선택하는 것처럼 일상에서 우리의 행복을 위하여 선택해야 하는 또 다른 것이 있습니다.

그것이 바로 언어입니다.

생각은 언어로 이루어집니다.
그리고 언어의 부정문에는 반응하지 않습니다.
예를 들어, '실패하지 않아야겠다.'
라고 말하는 순간 실패가 떠오르게 됩니다.

그렇다면 어떻게 언어를 사용하면 좋을까요?

음식도 자신의 기호에 따라서 선택하듯이

언어도 자신이 추구하는 목적에 따라서 선택하시면 됩니다.

다음은 일상에서 대부분의 사람들이
사용하는 언어 중 일부입니다.
어떤 것이 여러분들에게 도움이 되고
여러분들이 원하시는 것인지 선택하세요.

메뉴 1

재수 없어…

피곤해.

짜증 나.

열 받아.

되는 것이 없어.

실패하지 말아야지.

아프지 않아야겠다.

담배를 피우지 않아야겠다.

화내지 않아야겠다.

싸우지 않아야겠다.

멍청하게 굴지 않아야겠다.

잔소리하지 않아야겠다.

지각하지 않아야겠다.

메뉴 2

개성이 독특한 사람이네.

나에게 휴식이 필요해.

마음의 평정을 찾자.

잘되는 방법이 분명히 있을 거야.

성공해서 당당하게 살 것이다.

건강하고 활기차게 살아야겠다.

항상 가볍게 느껴지는 몸과 마음을 가져야겠다.

항상 평정심을 유지해야겠다.

조화를 이루면서 살아야지.

현명하게 대처해야겠다.

상대방의 상황을 이해해 보도록 해야겠다.

일찍 가서 여유롭게 하루를 시작해야겠다.

수업 시간에 한가지라도 더 배워야겠다

두 메뉴 중 어떤 것이 여러분들에게 좋은 것인지 여러분이 선택하시면 됩니다.

참, 스페셜 메뉴가 또 있습니다.

스페셜 메뉴

"난 지혜로운 사람이야."

"난 현명한 사람이야."

"난 용기 있는 사람이야."

"난 건강한 사람이야."

"난 열정이 가득한 사람이야."

"나는 당당하게 살아가는 사람이야."

"나는 일을 즐길 줄 아는 대단한 사람이야."

"나는 사람들에게 기쁨과 희망을 주는 사람이야."

"나는 모든 면에서 시간이 지날수록 나아지고 있어."

"나의 인생에서 필요한 것들은 마음속에 다 가지고 있어."

"나의 밝은 표정은 사람들에게 행복을 가져다줄 거야."

"주면 줄수록 더 많이 받게 되고, 그만큼 더욱더 행복해."

"나는 내가 원하고 바라는 삶을 살아갈 권리를 갖고 있어."

어떤 언어의 메뉴가 마음에 드시나요?

어떤 것으로 선택하시겠습니까?

여러분이 원하시는 것으로 선택하시면 됩니다.

인생 키워드

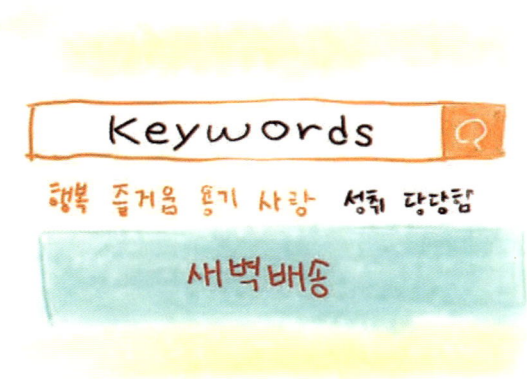

요즘 초등학생 혹은 중학생을 자녀로 둔 부모들에게 새로 생긴 고민이 있습니다. 그것은 바로 유튜브에 빠진 학생들 때문입니다. 코로나로 인하여 정상적인 등교가 힘들어진 기간에 학생들이 게임 대신 선택한 것이 바로 유튜브라고 합니다. 컴퓨터라는 것이 사용자의 편이성을 고려하여 그 사람이 자주 찾는 키워드를 기억하고 거기에 연관된 자료나 내용들을 노출되도록 해 줍니다. 이러한 알고리즘은 편이성이라는 측면에서 보면 사용자를 도와주는 것이지만 또 다른 측면에서 보면 편향적 사고(comfirmation bias)를 형성하여 객관적 판단력을 상실하게 될 수도 있습니다.

이러한 문제는 비단 초등학생이나 중학생들만의 문제가 아니라 사실 대한민국 전반에 걸친 사회문제의 현상이라고 할 수 있습니다. 자신이 지향하는 이념에 맞는 정치적 키워드를 입력하게 되면 거기에 대한 자료와 내용들이 끊임없이 제공됩니다. 옳고 그름을 논하기 전에 그러한 자료와 내용들을 지속적이고 정기적으로 접하게 되면 이성적이고 논리적인 판단 기능이 상실될 수도 있습니다. 그래서 객관적인 검증이나 논리적인 해석이 상대적으로 빈약한 사람의 경우에는 알고리즘의 편이성이나 혜택보다도 자칫 편향되고 중독적인 사고를 형성하게 되는 악영향을 받게 됩니다. 알고리즘 자체가 나쁘다는 것이 아니라, 그것이 제공하는 내용들 너머에 있는 다양한 세계를 경험하는 기회가 차단될 수 있다는 것입니다. 어떤 측면에서 보면 우리가 일상을 좀 더 편하게 생활하기 위하여 만들어 놓은 기술에 오히려 속박당할 수도 있다는 생각에 안타깝기도 하고 한편으로는 섬뜩한 느낌이 들기도 합니다.

**이러한 문제는
인터넷에서만 일어나는 것은 아닌 것 같습니다.**

우리 일상에서도
늘 불만이나 불평이라는 키워드를 입력하고
사는 사람들에게는 주어진 상황이나 환경 모든 것이
늘 불만과 불평으로 가득합니다.
좌절과 절망이라는 키워드를 입력한 사람들에게는
좌절과 절망이 가득하게 펼쳐집니다.
그렇기 때문에 우리가 살아가면서
자신이 원하는 키워드를 입력해야 합니다.

'어떻게 살고 싶은가요?',

'무엇을 얻고 싶은가요?'라는 질문에

각자가 원하는 것을 답하기는 하지만,

과연 자신이 원하는 것에 대한 키워드를

하루에 몇 번 입력해서 살아가고 있는지

생각해 볼 필요가 있습니다.

심리상담을 할 때

문제를 가진 내담자의 머릿속에는

늘 자신이 고민하는 문제들의 키워드가 가득합니다.

사람들에게

감동을 주는 노래를 부르는 가수들의 머릿속에는

자신이 부르고자 하는 노래의 키워드가

가슴에 가득할 겁니다.

이처럼 우리 삶은

자신이 입력한 키워드에 의해서 펼쳐집니다.

여러분이 성공하고 싶다면

성공과 관련된 키워드를 입력하십시오.
행복한 미래를 살고 싶다면
행복과 관련된 키워드를 입력하십시오.

원하는 것을 검색하기 위해
인터넷에 키워드를 입력하듯이,
우리 인생도 원하는 키워드를
지속적이고 반복적으로 마음속에 입력한다면
거기에 응답하는 세상이 펼쳐질 것입니다.

당신의 키워드를 마음속에 입력해 보세요.
당신이 원하는 세상을 만날 겁니다.

연날리기

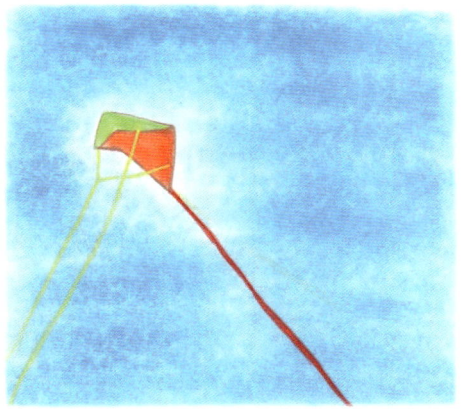

견디기 힘들 정도의 겨울 추위를 흔히들 칼바람이라고 표현합니다. 그만큼 추위가 우리에게 고통을 준다는 의미에서 그렇게 부르는 것 같습니다. 이러한 혹독한 추위의 겨울이

과거와 비교하여 고통스럽지 않고 생활에 큰 지장을 주지 않는 이유는 날씨의 변화도 있겠지만 무엇보다도 실내 난방과 겨울옷들 때문입니다. 지금이야 겨울이라는 계절이 생활하는 데 큰 불편함이 없지만, 난방과 옷가지가 변변치 않았던 이전의 겨울은 견디기 힘든 기간이었습니다.

그러나 이처럼 생활하기가 힘들었던 겨울임에도 불구하고 어린아이들에게는 겨울에만 즐길 수 있는 놀이가 있었습니다. 겨울 추위에 꽁꽁 얼어붙은 강가에서 썰매를 타기도 하고, 혹은 그 얼음 위에서 팽이치기도 합니다. 아마도 놀이 자체가 겨울 추위를 이겨내는 요인이 된 것 같습니다. 특히 겨울을 더욱 춥게 만드는 바람이 부는 날에는 어른들이 만들어 준 연을 하늘 높이 날리는 연날리기 놀이를 합니다. 더 높이 연을 날리기 위하여 일부러 바람이 더 많이 부는 높은 언덕을 찾기도 합니다.

추운 겨울을 더욱 춥게 만드는 바람이 불 때 그 추위에 몸을 웅크리고 앉아 있는 것이 아니라, 오히려 그 바람을 이용하여 하늘 높이 저 멀리 날아올라 가는 연을 보면서 추위를 견디고 즐기는 놀이는 인생의 또 다른 의미를 생각하게 만듭니다.

우리의 삶도 비슷한 것 같습니다.

누구나 살아가면서
시련과 고통이라는 바람을 직면해야 합니다.
즉, 시련과 고통을 직면하지 않고 살아갈 수는 없습니다.
중요한 것은 시련과 고통이라는 바람을
견디고 넘어서는 지혜가 필요합니다.

우리는 살아가면서 부딪히게 되는
여러 가지 상황이나 환경과 같은 조건에서
자유롭지 못합니다.

추운 겨울을 더욱 춥게 만드는
바람을 제어하지 못하듯이,

우리 앞에 펼쳐지는
시련과 난관이라는 조건은
어찌할 수가 없습니다.

**비록
추운 겨울이지만
바람을 이용하여
연을 날리는 놀이를 하며 추위를 즐기듯이,
시련과 난관이라는 조건 속에서도
자유로운 선택은 할 수 있습니다.**

상황이나 환경이라는 조건에서
벗어나지는 못하지만,
그렇다고 하여 그 조건들이 우리를
제한하지는 못합니다.
왜냐하면 우리는
어떤 조건 속에서도 선택할 수 있는
의지가 있기 때문입니다.

'직장에서 해고된다.',

'현재 일하는 부서가 없어진다.'

'월급이 20% 삭감된다.'

'현재의 직급에서 해임된다.'

이러한 상황이나 환경은

누구나 직면하기 싫어하고 두려워하는 일입니다.

하지만 살아가면서 그러한 상황에 부딪힐 수 있습니다.

아니 모든 사람은 아니지만,

누군가에게는 그리고 언젠가는 다가올 현실입니다.

우리는 이러한 현실적 조건들에서 벗어날 수는 없습니다.

그렇다고 그러한 현실이

우리를 제한하는 것은 아닙니다.

우리가 비록 그런 현실적 조건 속에 있다고 하더라도,

여전히 선택할 수 있는 의지는

우리 자신에게 있기 때문입니다.

불어오는 바람을 막을 수는 없습니다.

그렇지만 그 바람을 이용하여

바다를 항해하는 배는 만들 수 있습니다.

그렇듯이 우리가 살아가면서

두려워하고 걱정하는 현실에서 벗어날 수는 없지만,

그러한 조건 속에서도

선택할 수 있는 의지는

우리 자신에게 있습니다.

힘든 시간 속에서 하루하루를 보내고 있더라도,

당신의 의지가 살아 있다면

지금의 시련과 고통은

당신의 꿈이라는 연을

하늘 높이 날리기 좋은 순간인 것을 꼭 기억하세요.

바람이 있어야 연을 날리듯,

우리 인생에도 행복과 성공을 위하여

시련과 고통이라는 바람이 필요한 것 같습니다.

매력지수

다음을 천천히 신중하게 읽어봅시다.

• 하루라는 시간을 보내면서 본인의 얼굴을 많이 보는 것 같습니까? 아니면 다른 사람 얼굴을 많이 보는 것 같습니까?

• 본인의 얼굴을 보는 시간과 상대방의 얼굴을 보는 시간을 비율적으로 나눈다면 몇 대 몇 정도 되는 것 같습니까?

• 당신은 표정이 밝고 맑은 사람들에게 호감이 가나요? 아니면 표정이 어둡고 차가운 사람들에게 호감이 가나요?

• 당신은 편안하고 환한 웃음이 있는 사람의 얼굴을 좋아하나요? 아니면 불편하고 짜증이 가득한 사람의 얼굴을 좋아하나요?

• 당신은 에너지가 넘치는 환한 얼굴을 가진 사람을 좋아하나요? 아니면 피곤함에 찌들어 있는 사람의 얼굴을 좋아하나요?

• 당신은 적극적이고 자발적인 모습의 사람을 좋아하나요?

아니면 소극적이고 수동적인 태도의 사람을 좋아하나요?

• 당신은 친절한 모습이 느껴지는 사람을 좋아하나요?
아니면 퉁명스러운 모습이 느껴지는 사람을 좋아하나요?

● ● ● ● ●

살아가면서 우리는 자기 얼굴보다도
다른 사람의 얼굴을 더 많이 보고 살아갑니다.

물론 그 시간을 비율적으로 나눈다고 하였을 때,
개인마다 혹은 직업에 따라 다르겠지만
그렇더라도 자신의 얼굴보다는
다른 사람의 얼굴을
절대적으로 많이 보고 살아가고 있습니다.
그래서 상대방에 대해 평가를 할 때

"저 사람은 표정이 왜 저렇게 어둡고 차가워"
혹은 "왜 저렇게 퉁명스럽고 불만이 가득한 거야"
라고 이야기합니다.
그러나 정작 그렇게 말하는 사람의 표정이
더 어둡고 차가우며,
더 퉁명스럽고 불만이 가득한 때도 있습니다.

우리는 표정이 어둡고, 짜증스럽고,
불만이 가득하고, 퉁명스럽고,
의욕이 없는 수동적인 사람들의 모습은 싫어하면서도
정작 자신은 어떤 얼굴로
상대방에게 노출되고 있는가에 대하여
생각해보는 시간이 부족합니다.
그리고 상대방에게, 특히 가까운 사람에게
"왜 맨날 불만스러운 얼굴을 하고 다니니?
얼굴 좀 펴고 살아라."
혹은 "짜증스러운 얼굴 보기 싫어"라고
그들의 모습을 바꾸기를 강요하면서도

정작 자신의 모습에 대해서는
신경을 쓰지 않고 있습니다.

이처럼 자신의 모습이 다른 사람들에게
어떤 모습으로 비추어지고 보여주고 있는가에 대하여
돌아보는 시간이 바로 성찰입니다.

성찰한다는 것은
현재의 나를 바라봄으로써
원하는 나의 모습을 만드는
소중한 시간입니다.

다른 사람에게
절대적으로 많이 노출된 자신의 얼굴을
성찰을 통하여 가꾸어 가는 것을
매력 지수(AQ : Attractive Quotient)라고 합니다.

코로나로 인하여 마스크로 가려진 얼굴이

점점 노출되어가는 앞으로의 시대에는
자기 모습을 성찰하고 가꾸어 가는
매력 지수가 절대적으로 중요합니다.

오늘도
자신만의 멋진 매력 지수를 만들어 갔으면 좋겠습니다.
아마도
성찰하는 여러분들의 매력 지수는 만점일 것입니다.

당신의 말을 길들이세요.

 지금이야 말(馬)이라 는 것이 레저나 스포츠 종목으로 함께 하고 있지만, 옛날에는 아주 중요한 이동 수단이었습니다. 이처럼 말이라는 것은 인간이 탈 수 있는 몇 안 되는 동물 중

하나입니다. 그런데 아무리 좋은 말도 길을 들여야 그 말의 진가를 발휘한다고 합니다. 말을 길들인다는 것은 일방적인 지시나 훈련을 하는 것이 아니라 서로 호흡을 맞추어 갈 때 비로소 말이 승마를 허락하게 되고 멋지고 우아하게 질주를 할 수 있다고 합니다. 이처럼 말을 길들인다는 것이 바로 승마의 기본이고 가장 중요한 점이라고 합니다.

**우리 인생에서 또 길들어야 하는 말이 또 있습니다.
그 말은 바로 우리가 사용하는 언어인 말(語)입니다.**

우리가 사용하는 말은
우리의 행동을 결정하기 때문에
소중하고 신중하게 다루어야 합니다.

대부분 사람들은 자신이
어떤 말을 하고 있는지조차 알 수 없습니다.
아니 모르는 것이 어떻게 보면 당연합니다.
왜냐하면 우리가 일상에서 사용하는 말들은

대부분 무의식의 영역인 습관이 되어버렸기 때문에
의식하지 못합니다.

그래서
자신을 성찰하는 시간이 필요합니다.
어떤 단어가 떠오르는지
어떤 말들을 사용하고 있는지 차분하게 성찰하고
그 말들이 자신에게 필요한 단어인지 아니면
어떤 말들이 지금 필요한 것인지를 찾아내야 합니다.

우리는 살아가면서 어떤 일을 겪고 난 후
자신을 나쁜 사람이라고
죄책감을 느낄 때가 있습니다.

어떤 일을 한 후
자신을 어리석은 사람이라고
후회하고 자책하는 때도 있습니다.

또 어떤 상황에서
자신을 우울한 사람이라고
스스로 단정을 짓는 경우도 있습니다.
그리고 원하지 않는 결과에 직면했을 때는
자신을 실패한 사람이라고
절망하고 좌절하는 경우도 있습니다.

하지만 꼭 기억하십시오.

나쁜 사람은 없습니다.
나쁜 행동을 하는 사람이 있을 뿐입니다.

어리석은 사람은 없습니다.
어리석은 행동을 하는 사람이 있을 뿐입니다.

우울한 사람은 없습니다.
우울한 행동을 하는 사람이 있을 뿐입니다.

실패한 사람은 없습니다.
실패한 행동을 하는 사람만 있을 뿐입니다.

그러므로 우리의 행동만 다르게 한다면,
우리는 나쁘지도 않고, 어리석지도 않으며,
우울하거나 실패 때문에
힘들어할 필요도 없습니다.

우리의 행동은 마음에서 시작됩니다.
그리고 그 마음은 어떤 사람의 것도 아닌
바로 우리 자신의 것입니다.
그러니 당신은 당신 마음의 주인입니다.
주인답게 당신 마음을 다스리면 됩니다.

마음은 언어로 이루어집니다.
그러니 마음을 다스리려면
말을 잘 다루어야 합니다.
왜냐하면 당신이 쓰는 말처럼

당신의 마음은 길들여 지기 때문입니다.

지금 당신의 행동이 마음에 들지 않는다면,
당신이 쓰는 말을 바꾸십시오.
그러면 마음도 달라지고 행동도 달라질 것입니다.
그리고 그 행동이 당신을 만들어 갈 것입니다.

**우리가 사용하는 말을 소중하고 신중하게 잘 길들일 때
인생이라는 드넓은 들판을 질주할 수 있습니다.**

**오늘부터 당신의 말을 길들여서
인생을 멋지게 질주하기를 바랍니다.**

희망의
출구를
만들고
싶을 때

괜찮다고 ─── 말해주고 싶어요

바람

모든 것은 바람(Wind)인 것 같습니다.

바람 따라 구름도 움직이고

바람 따라 나무와 꽃들도 흔들리고

그 옛날에는 바람을 타고 저 바다 너머로 갈 수도 있고 모든 것은 바람에 의해서 움직이는 것 같습니다.
바람은 잡을 수도 없고, 가두어 둘 수도 없습니다.
그냥 매 순간 느끼는 것입니다.

과거의 바람을 타고 오늘에 와 있습니다.
오늘의 바람을 타고 또 내일로 가겠지요...
어찌 되었건 바람은 모든 것을 움직입니다.

우리의 삶을 움직이는 또 다른 바람이 있습니다.

그 바람은 바람(Wind)이 아닌 바람(Hope)입니다.

바람(Wind)이

그냥 바람 따라 움직여야 하는 수동적인 것이라면,

바람(Hope)은

우리가 원하는 방향으로

우리 스스로를 나아가게 만드는

능동적인 에너지입니다.

그렇기 때문에

바람(Wind) 부는 세상살이에서

바람(Hope)을 가지고 살아가야 합니다.

그렇지 않으면 정처 없이 바람에 떠밀려

자신의 의지와 다른 삶을 살아가게 될지도 모릅니다.

오늘 느끼시는 바람(Wind)이

여러분들이 간절히 바라는 바람(Hope)이 되길

진심으로 바랍니다.

지혜라는 선글라스

'눈이 부시게 푸르른 날은 그리운 사람을 그리워하자.'
미당(未堂) 서정주 시인의 글입니다.

푸른 하늘이 펼쳐진 청명한 하늘을 보면서 눈이 부시다는 말이 실감이 납니다. 특히 구름 한 점 없는 푸른 하늘에서 내뿜는 강한 자외선 앞에서는 눈이 부시는 것을 넘어서서 오랜 시간 눈을 뜨고 있기가 힘들 때도 있습니다. 또한 운전을 하거나 야외활동을 할 때는 푸르고 맑은 날씨가 오히려 불편함을 주기도 합니다.

그래서 선글라스를 착용하려고 노력합니다. 이전에는 선글라스를 연예인들이나 혹은 멋쟁이들의 전유물인 것처럼 여겼던 시절도 있었지만, 지금은 많이 대중화된 것 같습니다. 아마도 멋을 내기 위한 목적도 있겠지만 눈 건강의 필요성을 많은 사람이 느끼고 실천하고 있다고 생각합니다.

대부분 사람들이 사용하는 선글라스의 색깔은 검은색이나 갈색의 렌즈를 많이 이용하는 것 같습니다. 물론 파란색이나 초록색의 선글라스를 착용하는 사람도 더러 있기는 하지만 상대적으로 볼 때 검정이나 갈색의 렌즈를 많이 착용하는 것 같습니다.

그러나 단순한 멋을 부리기 위한 차원을 넘어서 눈을 보호하기 위해서 착용하는 선글라스는 용도에 따라서 렌즈의 색상을 다르게 사용해야 한다고 합니다.

자외선이 강한 날씨에는 검은색이나 갈색이 효과적이고, 운전이나 낚시와 같이 오랜 시간 한 곳에 집중해야 할 때는 초록색이 도움이 된다고 합니다.

많은 사람들이 흐리고 비가 오는 날에는 선글라스가 오히려 방해된다고 생각하고 특히 어두운 밤에는 선글라스가 전혀 도움이 되지 않는다고 생각하는 경우도 있습니다.

하지만 노란색 선글라스는 오히려 흐리고 비가 오거나 어두운 밤에 시야를 더욱 밝고 또렷하게 해주는 기능을 한다고 합니다.

그리고 사격이나 양궁처럼 어떤 목표물을 또렷하게 보기 위해서는 붉은색의 선글라스가 도움이 된다고 하니, 선글라스는 단순히 자외선으로부터 눈을 보호하는 것뿐만 아니라 우리가 하고자 하는 목적에 따른 효과를 높이기 위한 기능적 측면도 있습니다. 즉, 상황이나 환경에 맞는 선글라스를 착용함으로써 눈을 보호하는 것과 더불어 그 상황이나 환경에서 최적의 기능을 발휘하는 데 도움을 받습니다.

우리 삶도 비슷한 것 같습니다.

날씨의 환경을 탓하지 않고
우리도 주어진 상황이나 환경을
문제로만 받아들일 것이 아니라,
그 속에서 추구하고자 하는 목적을
성취하기 위한 의미 있는 태도를 가져야 합니다.

그것이 바로 지혜입니다.

지혜는 어떠한 상황에서도
의미 있는 것들을 찾아내려는 태도입니다.
눈이 부신 맑은 날에는
검은색 선글라스로 눈을 보호하듯이

행복과 즐거움이 가득할 때는

절제하고 배려하는 마음이 필요하고,

캄캄한 어둠 속에서

또 다른 밝음을 보여주는 노란색 선글라스처럼

고통과 절망 속에서도

희망의 내일을 찾는 지혜로움이 필요합니다.

지혜는 우리 마음의 선글라스입니다.

인생은 보는 만큼 알게 됩니다.

중요한 것은 무엇을 보는 것이 아니라

어떻게 보는 것입니다.

지금 직면하고 있는 상황이나 환경을

보는 것이 중요한 것이 아니라

어떻게 볼 것인가 하는 마음이 중요합니다.

눈은 마음의 창이라고 합니다.

맑고 또렷하게 사물을 바라보기 위하여
상황에 맞는 선글라스가 필요하듯이
슬픔과 기쁨, 괴로움과 즐거움과 같은
다양한 삶의 장면에서 지혜롭게 살아가기 위하여
우리 마음에도 선글라스가 필요합니다.

**멋진 인생을 연출하기 위하여
오늘부터 지혜라는 선글라스를 권해 드립니다.**

크레파스와 인생

 그림을 그리고 싶어 하는 두 어린이가 있었습니다.

 한 어린이는 그림을 그려야 한다는 생각보다 최고급 미술 도구를 간절히 원했습니다. 왜냐하면 최고급 도구가 있으면 쉽고 멋지게 그림을 그릴 수 있을 거라 믿었기 때문입니다. 그러나 현재 가진 미술도구는 너무 볼품없는 것이어서 그것으로는 자신이 원하는 멋진 그림을 그릴 수 없다고 생각했습니다. 그래서 그 어린이는 그림을 그리지 않고 항상 최고급 미술도구가 없는 현실을 불평하며 세월을 보냈습니다.

다른 한 어린이는 자신이 꿈꾸는 그림을 항상 머릿속으로 생각하였고 그 그림이 훌륭한 작품이 될 것이라고 믿었습니다. 그러나 현재 그 어린이가 가진 미술도구는 너무 낡고 볼품이 없는 데다가 가지고 있는 크레파스는 고작 세 가지 색밖에는 없었습니다. 그래서 자신이 원하는 만큼의 멋진 색상을 표현할 수 없었습니다. 그래도 그 어린이는 포기하지 않고 세 자루의 크레파스를 가지고 그림을 그리기 시작하였습니다. 뜻대로 잘되지 않을 때는 자신이 그리고 싶은 멋진 그림을 마음속으로 그리면서 세월을 보냈습니다.

세월이 지나고 두 어린이는 성인이 되었습니다.

최고급 미술도구를 원했던 어린이는 커서도

"나는 최고급 미술도구가 없었기 때문에 화가가 될 수 없었어." 라며 자신의 지난 세월을 원망만 하였습니다.

성인이 된 다른 어린이는

"난 어린 시절 원하는 색을 마음껏 표현할 수 없었던 부족한 세 자루의 크레파스 덕분에 색의 배합과 색상을 이해 하게 되었어."라고 추억하였습니다. 그리고 그렇게 자신의 힘든 시기를 이야기하는 그는 이미 훌륭한 화가가 되었습니다.

● ● ● ● ●

두 사람에게는 비슷한 결핍이 있었지만,
한 사람에게는 그것이 삶의 고통을 주는 원인이 되었고,
다른 한 사람에게는 오히려 성장의 계기가 되었습니다.

성공과 실패라는 것은

삶의 절대적인 조건들에 의해서

결정되는 것이 아니라

주어진 조건 속에서

무엇을 발견하고 어떤 의미를 찾아내는가에

따라서 달라집니다.

즉, 같은 상황을

'그것 때문에 못한다.'라고

불평만 하고 체념 속에서 살아가는 것과

'그것 덕분에 할 수 있었다.'라고

받아들이는 마음이

엄청난 결과의 차이를 만들어 내는 것입니다.

30가지 색의 크레파스를 가지고 있으면서

50가지 색의 크레파스를 가져야 한다고

불평불만만 하는 사람보다도

비록 3가지 색의 크레파스를 가지고 있지만

그 상황을 덕분이라는 마음으로

그림을 그려가는 사람의 인생 스케치북에는

더 훌륭하고 멋진 인생이 그려질 것입니다.

시크릿 가든

 마당이 있는 집을 갖고 싶어 하는 사람이 있었습니다.
 워낙 꽃을 좋아하고 가꾸는 것에 관심이 많았기 때문에 마당이 있는 집을 가지면 자신이 좋아하는 꽃도 심고 잔디도 깔아서 예쁘고 아름다운 정원을 가꾸는 것을 항상 소망하

였습니다. 그래서 열심히 일하여 마침내 조그마한 마당을 딸린 집을 얻게 되었습니다. 너무도 기쁘고 행복하고 설레었습니다. 이제는 자신이 그토록 꿈꾸어 왔던 마당을 가꾸고 자신만의 정원을 만들 수 있다는 희망이 눈앞의 현실이 되었기 때문입니다.

그러나 곧 큰 난관에 부딪혔습니다. 그것은 바로 마당 한가운데 큰 돌이 박혀 있었기 때문입니다. 그 돌을 파내려고 이리저리 노력해 보았지만, 그 돌은 일반적인 큰 돌이 아니라 마당 전체를 덮고 있는 암석이었습니다. 그래서 전문가를 불러서 자문과 도움을 요청해 보았지만, 그 돌은 암석이기 때문에 파낼 수가 없다는 절망적인 답변만이 돌아왔습니다. 그 후 그 집주인은 시련과 좌절 속에서 하루하루를 보낼 수밖에 없었습니다. 마당에 꽃도 심고 초록색 잔디도 깔아서 멋진 정원을 꾸미려고 했던 자신의 꿈이 도저히 파낼 수 없는 암석 때문에 불가능하게 되었기 때문입니다. 결국 모든 것을 포기하고 시련과 좌절의 시간을 보내고 있었습니다. 시간이 지날수록 파낼 수 없는 돌 때문에 마당은 점점 더 황폐해져 갔고 그것을 지켜보는 주인의 마음은 더욱 속상했습니다.

그러던 어느 날 주인은 뭔가를 깨달았습니다.

'저 큰 암석은 너무 깊이 박혀 있어서 파낼 수 없지만 그렇다고 그 돌 때문에 주변이 황폐해져 간다는 것은 말이 안 돼! 비록 돌은 내가 파낼 수 없지만, 주변의 잡초들은 제거하고 가꿀 수 있을 거야'라고 생각한 후 주인은 큰 돌 주변에 있는 잡초들을 제거하고 열심히 가꾸기 시작하였습니다. 비록 조그맣고 보잘것없는 공간이지만 잔디도 깔고 꽃들도 심었습니다. 하루하루 그렇게 공을 들이고 시간을 보내고 한참이 지난 어느 날 주인은 마당을 보고 깜짝 놀랐습니다. 왜냐하면 마당 전체를 덮고 있던 암석과 그 자투리 공간을 메운 잔디와 꽃들이 어우러져 황폐해진 마당을 멋진 동산으로 만들었기 때문입니다. 주인에게 시련과 좌절을 주었던 암석이 오히려 주변의 꽃과 잔디를 더 돋보이게 만드는 역할을 하였던 것입니다.

● ● ● ● ●

우리는 살아가면서

상처와 아픔을 경험하는

힘든 일을 직면하게 됩니다.

그리고 어떤 힘든 일들은

내가 아무리 변화시키려고 노력해도

바꾸기 어려운 것들도 있습니다.

바꾸고 변화시키기 힘든 일이

부모님이나 직장 상사와 같은 사람이 될 수도 있고,

가난이나 학력, 혹은 학벌 등과 같은 것일 수도 있습니다.

아마도 그러한 현실적인 문제에

직면하고 있는 순간

아무리 자신이 노력하여도

쉽게 변화시키기 어렵다고 생각할 겁니다.

그래서 그 시련의 고통 때문에

좌절하고 절망하는 경우도 있습니다.

살면서 자신이 노력해도 해결하기

어려운 것들은 분명히 있습니다.
하지만 노력해도 변화시키기 어려운 것들 때문에
좌절하고 절망에 빠져 있을 필요는 없습니다.

지금 자신의 노력으로 할 수 없는 것들은
그대로 놓아두세요.
그리고 자신이 할 수 있는 것을 하면 됩니다.
그것이 무엇이든 상관없습니다.
할 수 없는 것은 할 수 없다고 놓아두시면 되지만,
절망 속에 있을 필요는 없습니다.
왜냐하면
할 수 있는 것을 하시면 되기 때문입니다.

지금도 이 글을 읽으면서
'저는 할 수 있는 것이 없어요'라고
생각하는 분이 계신다면,
'지금 당신은 이 글을 읽을 수 있고,
그리고 생각할 수도 있습니다.'

라고 말씀드리고 싶습니다.

우리의 인생은 어떤 측면에서 보면

각자에게 주어진 자신만의

정원을 가꾸어 가는 것일지도 모릅니다.

크기가 다를 수도 있고 형태와 형질도 다를 수 있습니다.

그러한 것들 중에는

내가 노력을 해도 할 수 없는 것들도 있습니다.

그것은 그대로 놓아두세요.

단지 할 수 있는 것을 하시면 됩니다.

오늘도 하실 수 있는 것을

하나씩 해 나가시다 보면

먼 훗날 할 수 없었던

힘겨운 고통과 어우러져서

자신만의 아름답고 멋진 인생의 정원이 되어 있을 겁니다.

이상 시크릿 가든이었습니다.

Only Me

도로를 분주하게 다니는 수많은 자동차는 각각 가고자 하는 목적지가 있습니다.

비슷한 목적지를 향해 가는 차들이 있을 수도 있겠지만 대부분은 서로 다른 목적지를 향해 도로 위를 달립니다. 그냥 자신이 운전하는 자동차를 타고 자신이 정한 목적지를 향해 도로 위를 달리면 됩니다. 그런데 자동차의 수가 많아지면서 도로 위를 운전하는 것이 마치 곡예를 하는 것처럼 되어버렸습니다. 앞뒤의 차들이 간격을 좁혀오고 옆 차선의 차가 느닷없이 끼어들어 우리를 놀라게 합니다. 끼어들기의 이유가 무엇이든 간에 이러한 행위는 다른 운전자들을 위협하기도 하고 혹은 사고로 이어지기도 합니다.

때로는 다른 차들을 향해 경적을 울리기도 하며, 상향등으로 위협하기도 하는 현상이 도로 위에서 일어납니다. 가만히 생각해보면 도로 위는 목표지점에서 등수를 정하는 레이싱 경기장이 아님에도 불구하고 마치 경주를 하듯 앞질러 가기도 하고 상대방에게 위협을 주기도 합니다.

그 최종 목적지에 가면 수많은 차는 온데간데없고 자신 혼자만 있게 됩니다. '몇 대를 추월해서 도착했는지', 아니면 '시간을 얼마나 단축시켰는가'와 같은 것은 아무 의미도 없고 중요하게 생각하는 사람도 없습니다. 그런데도 마치 경쟁해서 이겨야 하는 것처럼 주행하는 것이 현실입니다.

  자신의 운전 때문에 다른 차들에게 위협을 주어서 사고의 원인이 되거나 혹은 자신이 잘못하여 사고를 당하는 경우가 생기게 되는 것이 참으로 끔찍하고 안타까운 일입니다. 서로가 각자의 목적지를 향해 주어진 법규대로 주행한다면 이러한 사고를 당하지 않고 서로가 가고자 하였던 목적지에 안전하게 도착할 수 있을겁니다. 그 목적지가 가정이라면 가족들과 즐거운 시간을 보내면 되는 것이고, 친구들이나 지인의 모임이라면 반가움을 나누면 됩니다. 그러나 목적지를 가는 과정에서 불의의 사고를 당하거나 설령 사고를 당하지 않더라도 불쾌한 경험을 주고받으면 목적지에 도착해서도 그 기분이 남아있게 됩니다. 그래서 도로 위에서의 안전 운전을 다시 한번 생각해 보아야 합니다.

우리 인생도 비슷한 것 같습니다.

각자가 지향하는 목적지가

다 다름에도 불구하고

마치 도로 위를 질주하는 경주용 자동차처럼

경쟁하려고 하는 것 같습니다.

하지만 목적지를 위하여

인생이라는 도로를 같이 달리는 것뿐입니다.

경쟁으로 인하여 화가 나기도 하고,

속상하기도 하지만

결국은 각자가 지향하는

목적지를 향해서 가는 여정일 뿐입니다.

남보다 앞서간다고 하여 자만하는 것은

도로 위의 과속운전처럼 위험합니다.

다른 사람보다 빨리 가려고

끼어드는 것 또한

어리석고 위험한 행동입니다.

그냥 자신의 목적지를 향해

묵묵히 나아가면 됩니다.

그러나 자신의 목적지를 향해
묵묵히 나아가는 것이 쉽지 않은 것은
열등감, 자만심, 수치심, 허영심 등과
같은 감정을 가지고
인생이라는 도로를 운전하기 때문에,
순간 이성을 잃고 난폭운전을 하게 됩니다.
그 난폭운전은 다른 사람에게도 피해를 주지만
가장 큰 피해자는 바로 자신입니다.

어차피 삶의 목적지에 도착하면
자신 밖에는 없습니다.
함께 경쟁을 한 사람들은
다들 자신들이 지향하는 목적지로 갑니다.
그래서
우리는 좀 더 지혜롭게
인생이라는 도로를
운전하여야 할 필요가 있습니다.
인생이라는 도로는

다른 사람과 비교하는 자동차 경주가 아니라

자신의 길을 묵묵히 가는 자신만의 여정입니다.

그러므로 인생은 No. 1 인

일등이 중요한 것이 아니라

자신의 길을 성실히 가는

Only Me의 태도가 필요합니다.

자동차들이 달리는 도로 위에서

누군가가 자신의 주행을 위협하면

그 위협을 피해야 하는 안전 운전도 필요하듯이

인생의 여정에도

누군가와의 경쟁이 아닌

자신만의 목적지를 향해 묵묵히 갈 수 있는

지혜로움이 필요합니다.

삶의 여정은 일등이 아닌

자기 자신답게 살아가는 것입니다.

Only Me.

나비야 날아올라라

　동양화에서 자주 등장하는 것이 꽃입니다.
　아마도 꽃의 아름다움을 담고 싶어 하는 마음 때문에 그런 것 같습니다. 그리고 꽃과 함께 자주 나타나는 것이 바로 나비입니다. 나비는 행운의 의미를 나타내기도 하고 또한 변화와 성장의 상징으로 해석하는 경우도 있습니다. 애벌레에서 나비로 탈바꿈하는 과정 때문에 그렇게 해석하는 것 같습니다.

또한 빗방울이나 강한 바람에 휘둘러져서 흔들리는 나비의 날갯짓이 비록 우리 눈에는 연약해 보이지만 그런 날갯짓이 엄청난 영향을 미친다는 물리학적 이론이 있습니다.
그것이 바로 '나비효과'입니다.
이 표현은 에드워드 노턴 로렌즈라는 미국의 수학자이자 기상학자가 1972년에 '브라질에서의 나비 한 마리 날갯짓이 텍사스에서 돌풍을 일으킬 수도 있는가?'라는 주제로 강연을 한 것을 계기로 현재까지 사용되고 있습니다. 즉, 사소한 사건 하나가 나중에 커다란 효과를 가져올 수 있다는 것을 의미합니다.

우리 삶도 비슷한 것 같습니다.

어렸을 때 보았던

밤하늘에 떨어지는 별을 보고서는

천문학자가 된 사람이나

양털을 깎는 목동이

'어떻게 하면 더 쉽게 털을 깎을 수 있을까'라고 하는

사소한 생각이 양날 면도기를 만든 것처럼,

비록 사소한 것에서 출발하였지만

엄청난 영향을 가져오는 경우가 너무도 많습니다.

그래서 꿈은 소중합니다.

허황된 꿈은 없습니다.

단지 그 꿈을 끝까지 함께 하지 못했을 뿐입니다.

우리는 자신이 꾸는 꿈을

주변의 사람들에 의해서

무시당하거나 인정받지 못해서

포기하고 접는 경우가 많습니다.

그래서 꿈이 이루어지지 않을 뿐입니다.

또는 자녀나 주변 사람들의 꿈조차도

인정하지 않고 무시하는 경향도 있습니다.

또한 꿈만 꾸고 그것을 소중하게도 생각하지 않고

열정을 다해 간직하지 않기 때문에

꿈은 허황되게 끝이 나는 겁니다.

꿈은

꾸기 위해 존재하는 것입니다.

아무리 작고 볼품이 없어 보이는 꿈일지라도

자신의 꿈을 진정으로 아끼고 사랑하며

자신이 꿈꾸는 미래를 향한

열정의 날갯짓을 멈추지 않을 때

우리들의 꿈은 나비가 되어 미래로 날아갈 것입니다.

140억 년이 된 우주를 예측하는 학자들도

길에서 뿜어져 하늘로 흩날리는

담배 연기의 움직임에 대해서는

예측을 할 수 없다고 합니다.
이렇듯 우리 자신이 꿈꾸는
조그마한 나비의 날갯짓과 같은 생각들이
나중에 어떠한 엄청난 결과를 가져올지는
아무도 알 수 없습니다.

'천하의 어려운 일도
반드시 쉬운 일에서 비롯된다(天下難事 必作於易).'라는
노자의 말이 떠오릅니다.

미래를 향한 당신의 소중한 꿈이
나비처럼 날아오르기를 희망합니다.

살아있는 기운

 요즘 실내에서 화초를 가꾸는 사람들이 많아지고 있습니다. 반려 식물이라는 표현이 나올 정도이니 아마도 사람들이 화초를 가까이서 두고 싶은 마음이 간절하였던 모양입니다.

이러한 화초도 키우기 쉬운 것이 있고 꽤 까다로운 것들이 있는 모양입니다.

그런데 키우기가 쉽고 까다로움을 떠나서 화초를 잘 키우지 못하거나 시들어서 죽게 만드는 사람들의 공통점이 있습니다.

우선 화초를 키우는 기본적인 설명서를 잘 숙지합니다. '물을 일주일에 한 번 준다. 그리고 물의 양은 종이컵 한 컵 정도를 준다.' 이처럼 간단한 설명서를 그대로 따르고 실행하였지만, 화초가 시들고 끝내 죽게 되었을 경우 대부분 사람들이 공통적으로 하는 말은 '이 화초 생각보다 키우기 어렵다'라고 푸념을 합니다.

하지만 화초를 잘 키우는 사람들의 차이점이 있습니다.

우선 기본적인 설명서를 숙지합니다. '물을 일주일에 한 번 준다. 그리고 물의 양은 종이컵 한 컵 정도를 준다.' 이러한 설명서를 그대로 실행으로 옮깁니다.

다른 점은 매일 화초를 관찰하는 것입니다. 바람을 쐬도록 해주어야 하는지 혹은 햇볕을 쬐도록 해야 하는 것이 좋은지. 이처럼 기본적인 설명서와 함께 지속적인 관찰을 함께 한다는 것입니다.

화초도 관찰의 손길이 필요한데 사람은 어떻겠습니까?

사람은 주관적 경험을 하는 존재입니다.
그리고 사람은 자신의 주관적 경험을
다른 사람으로부터
특히 가까운 사람으로부터
존중받고 이해받고 싶어 하는 욕구가 있습니다.

욕구라는 것은
우리가 배고플 때 먹어야 하거나
잠이 올 때 자야 하는 것과 같은 것입니다.

그래서 자신의 상황을
존중받고 이해받고 싶은욕구가 충족되어야
건강하고 행복하게 살아갈 수 있습니다.

가족과 가까운 사람의 관심과 사랑은,

삶을 생동감 있게 만드는 살아있는 기운입니다.

화초를 키우고자 마음도 좋지만,

가까이 있는 사람들에 대한

관심을 가지는 것이

살아가는 데 더 중요하고 필요한 것 같습니다.

서로에게 관심을 가지는

살아있는 기운으로

행복과 희망을 만들어 갔으면 좋겠습니다.

로고

 회사를 대표하는 것 중 하나가 바로 로고입니다. 그래서 직장인 중에는 자신의 회사 로고를 옷에 달고 다니는 사람들도 있습니다. 물론 명함에는 회사 이름과 함께 로고가 있습니다. 이처럼 주변에서 로고를 접하는 경우가 있습니다.

  로고(Logo)라는 단어는 logos라는 그리스어로써, 언어, 논리, 이성 등과 같은 의미로 알고 있습니다.
  그런데 로고라는 단어는 의미라는 뜻도 함께 내포하고 있습니다. 심리학, 특히 상담심리학에서 유명한 로고테라피(Logo Therapy)를 의미치료 혹은 의미 요법이라고 불리는 것이 바로 그 이유입니다.

  우리가 주변에서 접하는 로고들은 다 나름의 의미를 함축하고 있습니다. 그래서 사람들이 그 로고를 보면서 조직의 정체성에 대한 의미를 알 수 있도록 만들기 위하여 색상과 디자인에 정성을 들입니다.
  색채심리학에서는 파란색은 똑똑함, 스마트, 논리와 같은 의미를 주고 빨간색은 열정, 온정 등과 같은 감성을 표현하며, 주황색은 창의성, 독특성과 같은 의미가 있습니다. 그래서 각 회사나 단체들이 색상이 가지고 있는 느낌을 바탕으로 로고를 만들어서 표현하고 있습니다.

**회사나 단체뿐만 아니라 살아가면서 우리 자신에게도
로고가 필요하다고 생각합니다.**

'나는 어떤 사람인지',
'무엇을 소중히 하고 가치 있게 생각하고 있는가?' 와 같은
물음을 생각해 볼 필요가 있습니다.
왜냐하면 우리의 행동과 삶의 방향은
자신이 가지고 있는
의미에 따라 결정되기 때문입니다.

**즉, 우리들이 하는 일을 가만히 살펴보면
적극적이고 자발적으로 하려는 것은
그것이 무엇이든 간에
자신에게 의미가 있는 일입니다.**

반대로 매일 반복적으로 하는 일이지만
힘들어하고 괴로워하는 일들은
자신에게 의미가 없는 일입니다.

우리는 살아가면서

적극적이고 자발적으로 할 수 있는

의미 있는 일만 하고 살면 좋을 텐데

현실은 그렇지 않습니다.

가정생활을 하거나 직장생활 그리고 사회생활을 할 때

의미가 없는 일들을 해야만 하는 경우가 있습니다.

그러다 보니 적극적이기 보다는

수동적으로 하게 되고

자발적으로 하는 것이 아니라

어쩔 수 없이 하다 보니

삶이 힘들어집니다.

행복하게 살아가는 방법은 두 가지입니다.

하나는 자신에게

의미 있는 일을 찾아서

그것만 하면서 살아가면 됩니다.

그 일이 무엇이든 상관없습니다.
자신에게 의미 있는 것이 중요합니다.

또 다른 하나는 자신이 하는 일에
의미를 두면서 살아가는 것입니다.
무엇을 하든 누구와 함께 있든 간에
그 순간에 의미를 찾고 의미를 두는 것입니다.

둘 중 어떤 방법이
더 나은 것인지 그 선택은
자신에게 달려있습니다.
중요한 것은 의미를 둔다는 것입니다.

조그마한 회사나 카페를 오픈하여도
그 조직이나 카페가 하고자 하는 의미를 뜻하는
로고를 먼저 만드는 것처럼,
의미 있는 삶을 살아가기 위한
자신만의 인생 로고를 생각해 보았으면 합니다.

종이비행기

어린이들을 위하여 만든 노래가 동요입니다.

대중매체에 24시간 노출된 오늘날과는 다르게 예전의 아이들은 동요를 대중가요보다 더 많이 접하였습니다. 특히 여러 동요 중에 기억에 남는 노래가 종이비행기라는 동요입니다. 그리고 종이비행기를 만드는 것은 그 시절 딱지를 만들기 전에 배워야 했던 가장 기초적인 창작활동이었던 것 같습니다. 평평한 종이를 접고 접다 보면 어느새 비행기 모양으로 변해버린 종이비행기, 그리고 거기서 그치지 않고 그 종이비행기를 공중을 향해 가볍게 날려버리면 하늘을 향해 이리저리 흩날리며 비행하는 모습에 즐거워했던 기억이 새록새록 떠오릅니다.

  그런데 이러한 종이비행기가 지금에는 친구들이 모여서 하는 놀이가 아닌 세계인들이 함께 모여서 하는 국제대회로 발전하였고, 더 놀라운 점은 종이비행기를 20초 이상 날리는 사람이 세계적으로 5명뿐이라고 합니다.
  국제 대회에 참가하는 세계적인 선수들의 공통된 표현은, 종이비행기는 단순한 종이접기가 아닌 과학이라고 이야기합니다. 그래서 1초를 더 비행할 수 있게 만드는데 1년이라는 노력의 시간이 필요하다고 합니다.

**이처럼 종이비행기를 접고 만들어서 날리는 과정이
우리 삶과 비슷하다는 생각이 듭니다.**

종이를 접어서 비행기 모양을 만들고
허공을 향하여
오랫동안 비행하고
멀리 날아가기를 바라면서 던져보지만
바로 눈앞에서 그리고 손을 떠나자마자
땅에 떨어져 버리는 종이비행기에 실망을 하면서도
포기하지는 않습니다.
다시 종이를 접어서
이전과는 다르게 만들어보고
다른 각도와 방향으로 날려보고 또 날려봅니다.
그러한 수많은 시행착오를 통하여
처음보다는 더 높이 더 멀리 날릴 수 있게 됩니다.
시간적으로는 불과 몇 초의 차이고
공간적으로는 겨우 몇 센티미터 차이겠지만
막상 그것을 경험하는 사람에게는

엄청난 변화이고 성취입니다.
왜냐하면 종이비행기의
그 자그마한 차이는
한두 번의 시도로 얻을 수 있는
성과가 아니기 때문입니다.

수없이 많은 노력과 시도들이
차이를 만들었기에 그 자그마한 차이가
엄청나고 값진 성과인 것이 됩니다.
세계적인 선수들은
1초를 더 비행하고 몇 센티미터를
더 멀리 날리기 위해서
1년의 시간을 노력한다고 합니다.
그리고 그것을 가능하게 만드는 힘을
꿈에 대한 희망과 도전이라고 합니다.
즉, 의지입니다.

의지란

자신의 노력에 대한 변화의 결과가

눈앞에 나타나지 않더라도

그 조그마한 변화를 얻기 위하여

희망을 품고 끊임없이 노력하는 힘을 뜻합니다.

그래서 시도하지 않거나

현재 상황을 불평만 하는 사람의 눈에는

조그마한 변화가 보잘것없이 보이겠지만

의지를 가진 사람에게는

조그마한 변화가 가능성이고 희망이기 때문에

나중에 엄청난 결과로 나타나게 됩니다.

꿈에 대한 희망과 도전인 의지는

우리 삶에서 중요한 성취동력입니다.

그리고 의지는

인생이라는 종이비행기를

꿈을 향해 하늘 높이 날리는 힘입니다.

'날아라 날아라 하늘 높이 멀리 날아라.'

마음의 연료

일상에서 필요한 것 중 하나가 자동차입니다.

그래서 대부분 사람들이 가장 먼저 취득하는 자격증이 아마도 운전면허증일 겁니다. 운전면허증을 취득하고 나면 차를 갖고 싶어 합니다. 물론 자신의 경제적 형편에 따라 자동차를 결정하겠지만 여건이 된다면 좋은 차 그것도 멋진 차를 소유하고 운전하고 싶어 합니다. 특히 미끄러지듯 반짝이는 멋진 자동차를 보면 마음에 드는 이성을 만나듯 설레기도 합니다.

하지만 이러한 자동차에도 비밀이 있습니다. 아무리 멋진 외모를 가진 자동차라고 해도 연료가 없으면 한 발짝도 움직일 수가 없습니다. 그냥 고철 덩어리에 불과합니다.

우리 인생도 비슷한 것 같습니다.

삶의 조건이 좋다고 하더라도
그것을 움직이고 사용하지 않는다면
그러한 조건이 아무 소용이 없게 됩니다.

우리는 이미 많은 것을 가지고 있습니다.
중요한 것은 가지고 있는 것을
움직이고 활용하여야 합니다.

즉, 멋진 외모를 가진

자동차를 운전하려면 연료가 필요하듯이

현재의 조건을

움직이고 활용할 수 있는 힘이 필요합니다.

그 힘이 바로 마음의 연료인 열정입니다.

열정은 우리가 살아있음을 증명하고

살아가는데 필요한 감정입니다.

사랑할 때도 열정이 필요하고

일할 때에도 열정이 필요하며

모든 일에는 열정이 기본이 되어야 합니다.

자동차의 연료는

주유소에 가서 채워야 하지만

우리의 열정은

자신이 스스로 만들어야 합니다.

열정은 감정입니다.

감정은 말을 통해서 나타납니다.

그러므로 열정을 부르는 말을 사용하면 됩니다.

마음을 가라앉히고 호흡에 집중해 봅시다.

호흡에 집중하다 보면

마음의 소리를 더 쉽게 들을 수 있을 겁니다.

호흡에 집중하면서

자기 내면에 있는 말들을 하나씩 떠올려 봅시다.

"나는 할 수 있다."

"모든 것은 다 잘 될 것이다."

"나는 훌륭하고 멋지게 해 낼 것이다."

"전에도 그런 일을 잘했듯이

이번에도 마찬가지로 잘 할 수 있을 것이다."

"지금의 힘든 일들은

훗날 좋은 결과를 가져오는 원동력이 될 것이다."

"지금 내가 외롭다고 해서 우울해야 할 필요는 없다."

"나는 점점 더 현명하고 지혜로워질 것이다."

멋스러운 자동차보다도

우리 자신이 훨씬 더 위대하고 가치 있습니다.

아무리 멋스럽고 고급스러운 자동차도

연료가 없으면 소용이 없듯이

가치 있고 위대한 우리도

열정이 없으면

그 가치와 위대함이 빛을 발하지 못하게 됩니다.

비록 아주 작고 미약할지라도

열정이라는 감정을 마음에 품고 있을 때

우리 인생에는 희망이 가득합니다.

조용히 눈을 감고

마음에서 나오는 열정의 소리를 들어보세요.

그 순간 당신은 아주 가치 있는 사람이라는 것을

깨닫게 될 것입니다.

오늘도 마음의 연료인 열정을 가득 채워서

힘찬 발걸음을 내딛기를 바랍니다.

세 가지 방법

 같은 공간 그리고 같은 시간에서 하루를 맞이하고 보내는 일상이지만 개인마다 다양한 삶을 살아가고 있는 것 같습니다. 설렘과 기쁨으로 일상을 보내는 사람이 있는가 하면 괴

로움과 고통으로 보내는 사람도 있습니다. 또 어떤 사람들은 별생각 없이 무기력하게 하루를 보내는 사람도 있습니다. 이처럼 하루라는 공간과 시간이지만 개인에게 와 닿는 하루는 전혀 다르게 다가옵니다.

여러 가지 이유가 있겠지만 가장 큰 이유는 바로 살아가는 방법에서 그 차이가 납니다.

**우리가 인생을 살아가는 방법에는
크게 세 가지가 있습니다.**

첫째, 인생을 어리석게 살아가는 방법을 선택한 경우입니다.
어리석다는 것은 살아가야 하는 방향을 바라보고 삶을 살아가는 것이 아니라 지나간 시간을 곱씹으면서 살아가는 사람을 말하는 것입니다. 이런 방법을 선택하면 오늘이라는 시간이 한 번도 없습니다. 오늘이 되면 어제 이야기를 합니다. 또 다른 오늘이 와도 또 어제 이야기를 합니다. 어제를 바라보고 지나간 시간을 붙잡고 살아가는 방법을 선택한다면 오늘과 내일은 있을 수 없습니다. 이런 사람들이 가장 잘하는 표현은 '이전에 혹은 왕년에'와 같은 말입니다. 지나간 시간을 놓아주어야 새로운 것이 들어오는데 스스로가 과거에 갇혀서 살아갑니다. 늘 과거만 만들어갑니다. 참 불쌍하고 어리석은 방법입니다.

둘째, 인생을 열심히 살아가는 방법을 택하는 경우입니다.
열심히 살아가는 방법이라는 것은 주어진 상황이나 환경에 적응하기 위하여 최선을 다하는 것입니다. 학생으로서 직장인으로서 혹은 한 가정의 아버지나 어머니로서 그리고 남편과 아내로서 자신이 해야 하는 일을 열심히 하기 위하여 최선을 다합니다. 그 결과 적응을 하여 잘 지냅니다. 자신에게 주어진 상황이나 환경에서 최선을 다하여 열심히 사는 것이 좋아 보이지만, 또 다른 측면을 생각해 보아야 합니다. 그것은 바로 적응이라는 것입니다. 적응을 하였다는 것은 습관이 되었다는 것이고 습관이라는 것은 의식적 개입이 없어도 자연스럽게 진행이 된다는 것을 의미합니다. 중요한 것은 적응을 하게 되는 순간부터 무기력해질 수 있다는 것입니다.

그래서 가정에서 직장에서 최선을 다해서 생활을 한 사람들이 어느 순간부터 무기력해지는 이유가 바로 열심히 살아가는 방법을 선택하였기 때문입니다.

마지막으로, 지혜롭게 살아가는 방법이 있습니다.
지혜롭다는 것은 변화를 예측하고 만들어가는 것입니다. 10년 뒤에 어떤 세상이 올 것인지를 생각하고 더 중요한 것은 그 10년 뒤에 자신은 어떤 장소에서 어떤 모습으로 살아가기를 원하는지 생각하면서 살아가는 방법입니다. 어떤 사람들은 이런 이야기를 들으면 '지금도 먹고 살기가 힘이 드는데 무슨 10년 뒤를 생각하면서 살아가야 하는가?'라고 푸념할지도 모릅니다. 하지만 지금이 먹고 살기 힘들기 때문에 10년 뒤가 그려지지 않는 것이 아니라 10년 뒤를 그리고 살지 않기 때문에 지금이 먹고 살기 힘이 드는 것입니다.

• • • • •

사람의 행복은
오늘에서 생각하는
내일에 대한 희망입니다.

희망이라는 것은 만들어갈 수 있다는
가능성이 있는 것입니다.
그렇기 때문에
할 수 있는 가능성을 생각하고 살아가는 것이
바로 지혜롭게 살아가는 것입니다.

지나간 시간을 붙잡고
과거 속에 갇혀서 살아가는 어리석은 방법을 선택할지
또는 적응하기 위하여 열심히 살아가는 방법을 선택할지
아니면 희망의 가능성을 만들어가는
지혜롭게 살아가는 방법을 선택할지
그 선택은 자신에게 달려 있습니다.

세 가지 방법 중에 어떤 방법이 마음에 드시나요?

만약 어떤 선택을 할지 갈등을 겪고 있다면,
그것은 이미 지금보다
나은 삶을 살고 싶다는
마음이 있다는 것입니다.

 에필로그

나 자신에게 그리고 소중한 이에게

다리가 없는 시냇가를 건너가야만 할 때는
난감하고 막막합니다.
건너가야만 하기에 포기할 수도 없습니다.
다행히 주변을 둘러보다 발견한 돌들이
디딤돌이 되어 시냇가를 건너갑니다.
건너가야만 하는 길이었기에 그 디딤돌이 정말 고맙습니다.

'해야만 하는 것'은 늘 부담스럽습니다.
살아가는 것이 인생에서 해야만 하는 것이기 때문에
행복하기보다는 부담으로 느껴집니다.
행복과 기쁨을 만날 수 있는 다리가 없으면

부담은 두려움, 불안, 절망 그리고 슬픔으로 다가옵니다.

그래서
두려움과 불안, 절망과 슬픔이라는 부담을 넘어서
행복과 기쁨으로 건너갈 수 있는 디딤돌이 필요합니다.

그 디딤돌이 바로
"괜찮다"라는 말입니다.

자신에게 그리고 소중한 이에게
행복과 기쁨으로 건너갈 수 있는 디딤돌이 되는 말
"괜찮다고 말해주고 싶어요."

여기에 있는 이야기들이
나 자신에게 그리고 소중한 이에게
디딤돌이 되었으면 합니다.

괜찮다고 말해주고 싶어요

지은이 손정필

본문 디자인 월넛그로브

표지 디자인 유어텍스트 with 월넛그로브

펴낸곳 월넛그로브

이메일 walnutgrovebooks@gmail.com

ISBN 979-11-980694-0-5

· 본문에 있는 모든 글과 그림의 저작권은 저자와 출판사에 있습니다.

· 저작권법에 의해 보호를 받는 저작물이므로 저자와 출판사의 허락 없이 무단 전재, 복제, 배포를 금합니다.

· 오타 및 잘못 표기된 부분은 위 이메일 주소로 보내주시면 감사하겠습니다.